受身と使役
その意味規則を探る

開拓社
言語・文化選書
25

受身と使役
その意味規則を探る

高見健一 著

開拓社

はしがき

　私たちは日頃，受身文や使役文と呼ばれる次のような文を頻繁に使っていますが，みなさんはこのような文の仕組みや使い方について考えたことがおありでしょうか。

　(1)　<u>人に愛される</u>より，人を愛するほうが大切です。
　　　　　　　　　　　　　　　　　　　　　　　　　　　［受身文］
　(2)　もうダメかと思いましたが，ファンの声援が私を<u>奮い立たせて</u>くれたのです。［使役文］

私たちはこのような受身文や使役文を何の苦労もなく使いますが，次の文は，受身を表す「—られる」や使役を表す「—させる」が正しく使われているものの，極めて不自然で，日本語として容認されません（その点を * をつけて表します）。

　(3)　*富士山は先週，<u>山田君に登られた</u>。［受身文］
　(4)　*あいつに体当たりして，<u>倒れさせた</u>。［使役文］

どうして，(1)，(2) は自然な日本語なのに，(3)，(4) は容認されないのでしょうか。
　英語についても同じことが言えます。次の (5a)，(6a) は適格な受身文，使役文ですが，(5b)，(6b) は英語として容認されません。

　(5)　a.　*Harry Potter* **was read** even by John.
　　　b.　*Harry Potter **was read** by John.
　(6)　a.　The lightning **made** the little girls cover their

v

heads.

(稲妻が光って,少女たちは(恐くて)頭を覆った)

b. *The lightning **had** the little girls cover their heads.

(5a, b) ではどちらも,ジョンが『ハリー・ポッター』を読んだことが受身文で表現されていますが,「ジョンでさえ」という意味を表す even がある (5a) は自然ですが,even のない (5b) は不自然です。なぜこのような違いが生じるのでしょうか。また (6a, b) では,稲妻が光ったことで,少女たちが恐くて頭を覆った(つまり,稲妻が少女たちに頭を覆わせた)のですが,made も had も「─させる」という使役の意味を表すにもかかわらず,(6a) は自然で,(6b) は容認されません。使役動詞の make と have はどこが違うのでしょうか。

本書は,日本語と英語の受身と使役に焦点を当て,これらの表現がどのような仕組みになっており,どのような場合に適格となるかを考えます。まず,日本語の受身文や使役文を考え,私たちが普段何気なく使っているこれらの文の背後に,思いもしない仕組みや規則があることを示したいと思います。そして,そんな仕組みや規則が,英語の受身文や使役文にどのように関わっているかを考えます。日本語と英語の共通点や相違点に気がついて,きっと言葉の面白さや不思議さに興味を持っていただけるものと思います。

序章では,本書の導入として,子供の言葉の間違いを例にとり,言葉の背後に整然とした〈文法規則〉と〈意味規則〉があることを示します。そして第 1 章では,日本語の (1) や (3) のような受身文を考察し,その仕組みや適格性について考えます。第 2 章では,同じ受身文でも,対応する能動文のない,「間接受身文」と呼ばれる次のような受身文を考えます。

(7) a. 僕は，妻に実家に帰られて，一人なんです。
   b. あー，お父さんに先にトイレに入られちゃったよ。

(7a)の前半の文は，「*妻は，僕を実家に帰った」と言えないことから分かるように，対応する能動文がありません。しかし私たちはこのような受身文を頻繁に使っています。第2章では，このような受身文の仕組みや適格性について考えます。そして第3章では，(5a, b)のような英語の受身文を考え，日本語と英語の受身文の共通点と相違点を明らかにし，どのような場合に英語の受身文が適格となるかを考えます。

　第4章では，日本語の使役文を〈意味〉と〈形〉の両方から考えます。たとえば，次の例のように，他動詞（「立てる」）と使役形（「立たせる」）で，他動詞だけが適格となったり，使役形だけが適格となったりするのはなぜか，そして他動詞と使役形はどこが違うかを考えます。

(8) a.　店長は，マネキンをショーウインドーに立てた。
[他動詞]
   b. *店長は，マネキンをショーウインドーに立たせた。
[使役形]
(9) a. *店長は，モデルをショーウインドーに立てた。
[他動詞]
   b.　店長は，モデルをショーウインドーに立たせた。
[使役形]

また，日本語の使役形には，「薬を飲ます」のような「―さす」使役形と，「薬を飲ませる」のような「―させる」使役形がありますが，両者はどのように意味が違うかも考えます。そして第5章では，英語の使役文を考察し，英語の他動詞形と，make, cause, get, have, let のような使役動詞を用いた表現とはどのような違いがあるか，そして，後者の五つの使役動詞はどのように使い分けられているかを明らかにしたいと思います。

　本書を書くにあたり，多くの方にお世話になりました。特に久野暲先生には，これまでずっと共同研究をさせていただいている中で，大変多くの事柄を教えていただきました。本書の内容も，先生との共同研究に負うところがたくさんあります。また，同僚の真野泰先生には，本書のすべての章に対して，大変示唆に富む，入念で貴重な指摘をいただきました。さらに英語の例文に関して，特に Karen Courtenay, Nan Decker のお二人から多くの有益な指摘をいただきました。また，開拓社の川田賢氏には，本書の執筆のお話から完成に至るまで，さまざまなご助言とご配慮をいただきました。ここに記して，心より感謝します。

　2011 年　早春

高見　健一

目　次

はしがき　*v*

序　章　ことばの間違いから見えてくるもの ………………… *1*

第1章　日本語の直接受身文
　　　——「富士山は先週，山田君に登られた」とはなぜ言えないか—— ……………………………………………… *11*
　1.　はじめに　*12*
　2.　視点　*13*
　3.　受身形を用いる場合　*16*
　4.　どんな動詞が受身になるか？　*20*
　5.　実例の観察　*24*
　6.　〈無生物〉が主語で，「ニ」格名詞句が〈人間〉の受身文　*28*
　7.　主語の特徴付け　*30*
　8.　利害の表明　*34*
　9.　『日本語基本動詞用法辞典』の用例から　*39*
　10.　結び　*44*

第2章　日本語の間接受身文
　　　——「ローソクに燃えられた」とはなぜ言えないか—— ……………………………………………………………… *47*
　1.　はじめに　*48*
　2.　どんな動詞が間接受身文になるか？　*51*
　3.　(14a-c) はなぜ妥当でないか？　*52*
　　3.1.　自動詞か他動詞か？　*52*

3.2.　人間か無生物か？　*53*
　3.3.　意図的行為か非意図的事象か？　*54*
4.　間接受身文の基本的機能　*56*
5.　間接受身文の基本的機能を満たす諸要因　*59*
　5.1.　被害・迷惑の責任付与に関わる二つの要因　*59*
　5.2.　被害・迷惑の意味　*64*
6.　間接受身文の数値分析　*68*
7.　結び　*80*

第3章　英語の受身文
　　　　—— *Harry Potter* was read by John. とはなぜ言えないか —— ………………………………………… *83*

1.　はじめに　*84*
2.　視点と相互動詞　*86*
3.　受身文の状態変化制約　*90*
4.　受身文の特徴付け制約　*97*
5.　「受身文の利害表明制約」は必要か？　*101*
6.　実例の観察　*106*
7.　自動詞の受身文　*117*
8.　結び　*122*

第4章　日本語の使役文
　　　　——「太郎を体当たりで倒れさせた」とはなぜ言えないか —— ………………………………………… *125*

1.　はじめに　*126*
2.　使役表現の意味 (1)　*128*
3.　使役表現の意味 (2)　*133*
4.　「を」使役と「に」使役　*136*
5.　使役表現の形 (1)——語彙的使役と迂言的使役——　*139*
6.　使役表現の形 (2)——「—さす」使役と「—させる」使役——
　141

7. 語彙的使役（他動詞）と迂言的使役の意味の違い　*145*
8. 対応する他動詞がない自動詞　*153*
9. 「―さす」使役と「―させる」使役の意味の違い (1)　*156*
10. 「―さす」使役と「―させる」使役の意味の違い (2)　*162*
11. まとめ　*165*

第5章　英語の使役文
　　　―― The lightning **had** the girls cover their heads.
　　　とはなぜ言えないか ―― ………………………… *169*

1. はじめに　*170*
2. 英語の語彙的使役動詞と迂言的使役動詞　*174*
3. 語彙的使役（他動詞）と迂言的使役の意味の違い　*175*
4. 迂言的使役文の概略　*181*
5. make 使役文　*183*
6. cause 使役文　*188*
7. get 使役文　*194*
8. have 使役文　*199*
9. let 使役文　*207*
10. 言い換えられない迂言的使役動詞　*210*
11. まとめ　*213*

引用文献 ……………………………………………… *215*

索　引 ………………………………………………… *217*

序　章

ことばの間違いから見えてくるもの

●「パパ，手，届けるよ」

　私たち家族が当時住んでいた集合住宅の前の広場には，幸い子供たちが遊べる砂場とブランコ，それに鉄棒があった。そこでよく近所の子供たちとも一緒に遊んだが，息子が3歳半ばの頃だっただろうか，一番低い鉄棒に手をやっと届かせて，私に次のように言った。

　(1)　パパ，手，届けるよ。

私はすぐに，「あっ，ホント！　りょうちゃん，大きくなったねー」と言ったが，この「届けるよ」は，もちろん，私たち大人が使うことのない，いわば間違った言い方である。私たちはこのような場合，次のように言う。

　(2)　手，届くよ。

息子はなぜ，(2)の「届く（よ）」という正しい言い方をせず，(1)の「届ける（よ）」という間違った言い方をしたのだろうか。(1)と(2)はどこが違い，なぜ(1)のようには言えないのだろうか。

●〈可能〉の意味を表す「—れる」，「—られる」

　日本語では，「百メートル12秒で走れる」，「眠いので，いくらでも寝られる」のように，動詞「走る」，「寝る」の語幹（=活用変化をしない部分）に「—れる」(-re-ru)，「—られる」(-rare-ru)をつけて，〈可能〉の意味を表すことができる。つまり，「走れる」，「寝られる」のような表現は，「走ることができる」，「寝ることができる」という意味で，日本人なら誰でも用いる普通の表現である。

ここで、「走る」は、「走らない」(hasir-a-nai)、「走ります」(hasir-i-masu)、「走る」(hasir-u)、「走れば」(hasir-e-ba)、「走れ」(hasir-e)と活用するので、その語幹は hasir- であり、その最後がrの子音（＝r, k, s, t, n, b など、肺から唇まで空気を送る間に、途中で舌、歯、唇などで空気の流れを妨げて作り出す音）で終わっている（このように、語幹が子音で終わる動詞を「五段活用動詞」という）。一方、「寝る」は、「寝ない」(ne-nai)、「寝ます」(ne-masu)、「寝る」(ne-ru)、「寝れば」(ne-re-ba)、「寝ろ」(ne-ro)と活用するので、その語幹は、ne- であり、e の母音（＝a, i, u, e, o など、肺から唇まで空気を送る間に、途中で舌、歯、唇などで空気の流れを妨げないで作り出す音）で終わっている（このように、語幹が母音で終わる動詞には、「ナイ」をつけるとエ段（たとえば、「寝ない」、「受けない」）になる「下一段活用動詞」（「寝る」、「受ける」）と、「ナイ」をつけるとイ段（たとえば、「見ない」、「起きない」）になる「上一段活用動詞」（「見る」、「起きる」）とがある）。したがって、次に示すように、語幹が子音で終わる「走る」(hasir-)には「—れる」がつき、語幹が母音で終わる「寝る」(ne-)には「—られる」がついていることが分かる。

(3)　走れる（「走(る)＋れる」）：　hasir-re-ru
(4)　寝られる（「寝(る)＋られる」）：　ne-rare-ru

ただ、(3) の「走れる」のローマ字表記をよく見てみると、hasir- の最後の r と、〈可能〉を表す -re-ru の最初の r が重なっており、これをそのまま読むと、「走るれる」のようになってしまうが、そのような日本語はなく、「走れる」となる。これはなぜだろうか。それは、日本語の活用の一般原則として、子音が連続すると、後ろの子音が落ちるので、次のように、-re-ru の最初の r が落ち、その結果、「走れる」となるのである。

(5) hasir-r̸e-ru ⇒ hasir-e-ru「走れる」

このような現象は，たとえば，「─さす」(-sas-u)，「─させる」(-sase-ru) という〈使役〉を表す表現が動詞の語幹についても同じで，「走る」だと，次のように，「─さす」(-sas-u)，「─させる」(-sase-ru) の最初の子音の s が落ちる。

(6) a.　hasir-s̸as-u ⇒ hasir-as-u　「走らす」
　　 b.　hasir-s̸ase-ru ⇒ hasir-ase-ru　「走らせる」

一方，(4) の「寝られる」では，「寝る」の語幹が母音の e で終わっているので，子音の重複がなく，-rare-ru の最初の r が落ちることなく，そのまま「寝られる」(ne-rare-ru) となる。これは，〈使役〉を表す「─さす」(-sas-u)，「─させる」(-sase-ru) がついても同じことで，「寝る」の語幹 ne- にこれらがつくと，s が落ちることなく，ne-sas-u (「寝さす」), ne-sase-ru (「寝させる」) となる。

動詞の語幹が母音で終わる「寝る」や「見る」，「着る」，「受ける」，「起きる」などの動詞は，〈可能〉を表す「─られる」がつくが，次のように，「─られる」の「─ら」が抜けて，「─れる」がついたように見える形で用いられることが多い。

(7) a.　寝る　→　寝られる　→　寝れる
　　 b.　見る　→　見られる　→　見れる
　　 c.　着る　→　着られる　→　着れる
　　 d.　受ける　→　受けられる　→　受けれる
　　 e.　起きる　→　起きられる　→　起きれる
(8) a.　どこでも寝れるようなたくましい人になれ。[寝られる]
　　 b.　この券で映画がただで見れる。[見られる]

c.　成人式に着物が着れるので嬉しい。[着られる]

これは、「ら」抜き言葉と呼ばれるもので、言葉遣いの「乱れ」を嘆く人々がしばしば指摘する現象である。

　一方、動詞の語幹が子音で終わる「走る」や「行く」、「書く」、「積む」などの動詞は、語幹に -re-ru がつき、最初の r が落ちて「走れる」(hasir-e-ru)、「行ける」(ik-e-ru)、「書ける」(kak-e-ru)、「積める」(tum-e-ru) のようになる。もしこれらの語幹に -rare-ru がついて最初の r が落ちると、「走られる」(hasir-are-ru)、「行かれる」(ik-are-ru)、「書かれる」(kak-are-ru)、「積まれる」(tum-are-ru) となる。しかし、次の (a) と (b) を比べてみると、「─れる」がついた (a) とは異なり、「─られる」がついた (b) は多少不自然であったり、不適格であると判断される（この点を？と *で示す）。なお、(9b)、(10b) は、個人により多少不自然と判断されたり、不適格と判断されるので、その両方の判断を示す。

(9) a.　　百メートル 12 秒で走れるといいなあ！
　　b. ?/*百メートル 12 秒で走られるといいなあ！
(10) a.　　今日は暇なので、パーティーに行けるよ。
　　b. ?/*今日は暇なので、パーティーに行かれるよ。
(11) a.　　僕は英語のスペリングを正しく書ける。
　　b.　*僕は英語のスペリングを正しく書かれる。
(12) a.　　荷台にもう少し荷物を積めるよ。
　　b.　*荷台にもう少し荷物を積まれるよ。

したがって、動詞の語幹が子音で終わる「走る」や「行く」、「書く」、「積む」などの動詞の〈可能形〉は、一般に「─れる」がついた形が用いられる。

● 子音＋母音

　前節で，日本語の活用の一般原則として，子音が連続すると，後ろの子音が落ちるということを述べたが，これは日本語が，一般に，子音の後ろには母音がきて，「子音＋母音」が連続する音のパターンをとりやすい言語だからである。たとえば，次の文では，子音の直後にすべて母音がきており，子音の連続は一か所もない。

(13)　友だちと山登りをした。
　　　Tomodati-to yamanobori-(w)o sita.

　日本語と異なり，英語などでは子音の連続が頻繁に起こる。そのため，英語などの単語が外来語として日本語に入ると，そのままの形では取り込まれず，子音の直後に母音が入る。たとえば，英語の strike という単語は，最初に s, t, r という三つの子音が連続しており，最後は発音上，k という子音で終わるが，これが日本語に入ると，それぞれの子音の後に母音が挿入される。

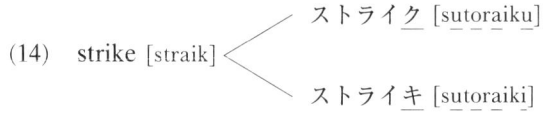

(14)　strike [straik]

英語の strike は，野球やボーリングの「ストライク」と，労働組合などの「ストライキ」という二つの意味があるが，日本語では，最後の子音の k の後ろに，母音の u をつけて「ストライク」，i をつけて「ストライキ」（しばしば短縮して「スト」）とし，両者を区別する。これは，子音の後ろに母音がくるという日本語の特徴のなせる業であろう。

●「パパ, 手, 届けるよ」とはなぜ言えないか?

それでは, 冒頭で述べた「パパ, 手, 届けるよ」という, 私の息子が言った表現を考えてみよう。「届ける」は, もうお分かりのことと思うが, 「届く」という動詞の語幹 todok- に〈可能〉の意味を表す -re-ru をつけ, k と r の二つの子音が連続するので, 後ろの子音 r を落とした可能表現である。

(15)　todok-re-ru ⇒ todok-e-ru 「届ける」

息子は「届くれる」などとは決して言わず, 「届ける」と言ったので, 動詞の〈語幹〉や〈可能表現〉の形, さらに子音連続の場合は後ろの子音が落ちるという, 形に関する規則, すなわち, これらの〈文法規則〉をすでに知っていたのである。

日本で生まれ育った子供なら誰でも, このように動詞の語幹を認識し, その語幹に可能表現をつけ, 子音が連続する場合には後ろの子音を落として発音することを, 誰から教わることもなく, すでに 3, 4 歳までに「習得」し, 自由に操ることができる。多くの単語を覚えるだけでなく, このような単語と単語の結びつきや, 他の極めて多くの日本語に関する規則を子供は 3, 4 歳までに習得するというのは, 考えてみれば, 驚くべき事柄である。しかも, 誰からも教えられることはないのである。第一, 教えるにはあまりに幼すぎるし, 可能表現を自由に使える大人でも, その仕組みを意識することはないのが普通で, それを幼児に教えたりすることはない。子供が 3, 4 歳までに, 人から教えられることもなく, 母語の規則を理解し, 母語を巧みに使えるようになるというのは, 私たち大人が外国語を学ぶとき, 長期間の教育や努力にもかかわらず, 習得が極めて難しいのと対照的である。

さて, 「走る」を「走れる」, 「行く」を「行ける」のように可能

表現にすることができるのに合わせて、私の息子は「届く」を「届ける」と言ったわけであるが、この「届ける」は容認されない言い方である。これはなぜであろうか。それは、「走る」や「行く」が、自分の意志でそうすることができる動作であるのに対し、「届く」は、自分の意志ではそうすることができない動作だからである。人は、走ったり、どこかへ行こうと思えば、自らの意志でそうすることができるが、鉄棒に自分の手が届くかどうかは、届かせようと思っても、背が低ければ届かず、自らの意志でコントロールできる動作ではない。つまり、「走る」や「行く」は、自らコントロールできる動詞、「届く」は、自らコントロールできない動詞ということになる。前者の動詞が表す動作は、自らコントロールすることができるので、「〜できる」という意味の可能形「―れる」、「―られる」をつけることができるが、後者の動詞が表す動作は、自らコントロールすることができないので、「〜できる」という意味の可能形「―れる」、「―られる」をつけることができないのである。前者の動詞には、ほかに「読む」(「読める」)、「乗る」(「乗れる」)、「食べる」(「食べれる」)などがあり、後者の動詞には、ほかに「知る」、「分かる」、「好む」などがあり、これらの動詞は、「知れる」、「分かれる」、「好める」などとは言えない。このように、可能表現を正しく用いるためには、可能表現の〈形〉に関する〈文法規則〉だけでなく、自らコントロールできる動詞にのみ可能表現がつくという、〈意味規則〉にも従わなければならない。息子は、日本語の習得過程で、可能表現の〈文法規則〉は分かっていたが、〈意味規則〉までは理解しておらず、自らコントロールできない動詞にまで過剰に可能形をつけた結果、「パパ、手、届けるよ」と言ったのである。

　「手、届けるよ」という、大人が言うことのない間違った表現を私の息子が使ったということは、さらに次のことも示してい

る。つまり、子供は、周りの大人の言っていることを単に真似して言葉を習得するのではなく、大人（や周りの子供）の言うことを聞き、その背後にある規則をひとつずつ探り当て、その探り当てた規則を新しい類似の場面で積極的に適用しながら言葉を習得していくという点である。そのため、その規則の習得が十分でなかったり、その規則を妥当でない場面で適用すると、私たち大人が実際には使わない「間違った」表現となる。

● まとめ

「パパ，手，届けるよ」という(1)の間違った表現とその説明から、次の二つの事柄が明らかになったことと思われる。

(16) a. 母語話者は普段意識しないが、言葉には形に関する〈文法規則〉と、意味や機能に関する〈意味規則〉がある。
　　 b. 幼児は、誰から教わることもなく、無意識のうちにそれらの規則を習得していく。

本書では以下、日本語の受身表現と使役表現を取り上げ、それらの表現がどのような意味規則に従っているかを考察する。そして、そのような意味規則が英語の受身表現や使役表現にどのように関わっており、日本語と英語のこれらの表現はどのような点で共通しており、どのような点で食い違っているかを考えてみたい。

第1章

日本語の直接受身文
——「富士山は先週，山田君に登られた」
とはなぜ言えないか——

1. はじめに

まず,次の文を見てみよう。

(1) a. 鈴木先生は昨日,山田君を叱った。[能動文]
    b. 山田君は昨日,鈴木先生に叱られた。[受身文]
(2) a. 山田君は先週,富士山に登った。[能動文]
    b. *富士山は先週,山田君に登られた。[受身文]

(1a) の能動文に対応する (1b) の受身文はまったく自然であるが,(2a) の能動文に対応する (2b) の受身文は,日本語として容認されない不自然な文である。(2b) は,(1b) とまったく同じ受身文パターンであると思えるのに,どうして不適格なのだろうか。

(2b) が不自然な理由として,次のような回答が寄せられるかも知れない。

(3) a. 受身文の動詞は(目的語をとる)他動詞であり,「叱る」は他動詞で適格だが,「登る」は自動詞なので,(2b) は不適格。
    b. 日本語では,受身文の主語は人間であり,「富士山」は無生物なので (2b) は不適格。
    c. 日本語の受身文は通例,被害や迷惑の意味が伝達されるのに,山田君が富士山に登っても,富士山は何の被害も迷惑も受けないので,(2b) は不適格。

本章では,日本語の受身文がどのような条件のもとで適格となるのかを考察する。そしてその過程で,(3a-c) の回答は,一面の真理を突いているものもあるが,どれも十分ではないことを示し,(1b) と (2b) のような受身文の適格性の違いがなぜ生じるの

かを明らかにする。

2. 視点

いきなり野球の話で恐縮だが，わが家は長男と私が阪神ファン，一方，次男は巨人ファンである。ある日，両チームのナイトゲームがあり，帰宅した私はテレビを見ていた長男に (4) のように言うと，彼は (5) のように答えた。

  (4) おー，やってる，やってる。どう，<u>勝ってる</u>？
  (5) ダメだよ，<u>負けてる</u>。3—0。

そこへ次男がやってきて，テレビを見て次のように言った。

  (6) やったー。<u>勝ってる</u>，<u>勝ってる</u>。3—0だよ。

「勝つ」と「負ける」は，一つの事象をどちら側から表現するかで異なる表裏一体の表現で，一方が勝てば，他方は負ける。これを次のように示そう。そして，巨人と阪神が試合をするということは，巨人は阪神に働きかけ，逆に阪神は巨人に働きかけるので，このお互いの働きかけを双方向の矢印で表そう。

  (7)   3   0

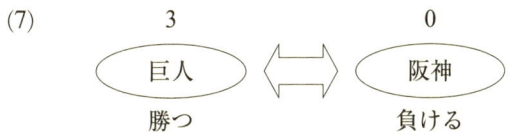

長男と私は阪神ファンなので，(7) の図で阪神寄りの立場，言い換えれば，阪神寄りの「視点」をとって表現し，(4), (5) で「[阪神は] 勝ってる？」，「[阪神は] 負けてる」と言っている。一方，次男は巨人ファンなので，(7) の図で巨人寄りの視点をとって表現し，(6) で「[巨人が] 勝ってる」と言っている。これを次のよ

(8)
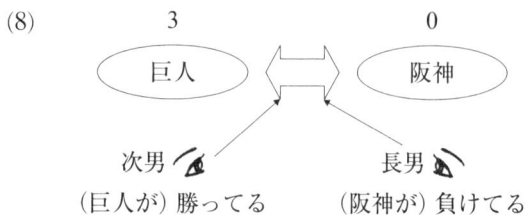

ここで (8) の図で，話し手が巨人寄りでも阪神寄りでもなく，アナウンサーのような立場で，中立の客観的視点からこの事態を述べるとすれば，「勝つ—負ける」のどちらを使うだろうか。この場合は，「巨人が阪神に 3—0 で勝っています」のように報告し，「阪神が巨人に 3—0 で負けています」のようには言わない。つまり，中立の視点から述べる場合は，「勝つ」を用いるのが一般的である。

「勝つ—負ける」だけでなく，たとえば「やる—もらう／くれる」，「話す／言う—聞く」，「売る—買う」，「教える—学ぶ」，「送る—受け取る」などの表現も，話し手が当該事象に関わる人物のどちらに自分の視点を置くかによって，主語や用いられる動詞が決まってくる。

(9) a. 太郎は花子に本をやった。
　　b. 花子は太郎に本をもらった。
(10) a. 太郎は花子にクラス会の計画を話した。
　　 b. 花子は太郎からクラス会の計画を聞いた。
(11) a. 太郎は花子に CD を売った。
　　 b. 花子は太郎から CD を買った。

(9)-(11) の (a) と (b) は，論理的には同一の事象を述べている

が，その事象を話し手が，(a) では太郎寄りの視点から述べ，(b) では花子寄りの視点から述べている。

「太郎が花子と<u>結婚する</u>」，「太郎が花子と新宿で<u>会う</u>」などはどうだろうか。「結婚する，離婚する，会う／出会う，デートする」等の動詞は「相互動詞」と呼ばれ，太郎が花子と結婚すれば，逆に花子は太郎と結婚することになる。このことは次のように示される。

(12)

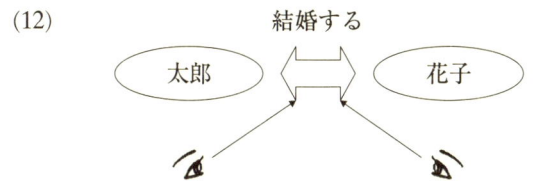

太郎は花子と結婚した　花子は太郎と結婚した

話し手が太郎の友達で，花子のことはそれほど知らなかったり，聞き手と太郎の話をしているときなどは，話し手は太郎寄りの視点をとり，「太郎は花子と結婚した」と言う。一方，話し手が花子の友達で，太郎のことはそれほど知らなかったり，聞き手と花子の話をしているときなどは，花子寄りの視点をとり，「花子は太郎と結婚した」と言う。それでは，話し手が中立の視点をとればどのように表現するだろうか。その場合は，「太郎と花子は結婚した」，あるいは「花子と太郎は結婚した」のように言う。

以上から，人や物が2人／二つ（以上）関わる事象を私たちが述べる際には，次の視点に関する規則が働いていることが分かる。

(13) 話し手の視点規則：
話し手（や書き手）は一般に，自分に近い，親しみのある人や物寄りに自分の視点を置き，それを文の主語（ま

たは主題)にして当該事象を述べる。

(13) の「主語」と「主題」に関して一言説明すると,「巨人が／は阪神に勝っている」のような文で,格助詞「ガ」でマークされた「巨人が」は主語,一方,副助詞「ハ」でマークされた「巨人は」は主題である。主題は「話題」とも呼ばれ,「巨人について言えば」という意味合いで「巨人」を取り立て,それについての説明がその後で述べられる。この文から分かるように,主題は,一般に主語でもあるが,たとえば「この本は,お父さんが買ってくれた」のような文では,「ハ」でマークされた「この本は」が主題で,「ガ」でマークされた「お父さんが」が主語であり,両者が異なる。

3. 受身形を用いる場合

以上のように,動詞が「勝つ―負ける」のようなペアーを成す場合や,「結婚する,会う／出会う」のような相互動詞の場合は,当該事象に関わる2人の人物のどちらを主語にしても,それに対応する単独の動詞がある。これに対し,たとえば,ある人がある人を「褒める,叱る,叩く,批判する,助ける」ような場合は,どのように表現されるだろうか。山田先生が木村君を褒めたというような場合を考えてみよう。

(14)

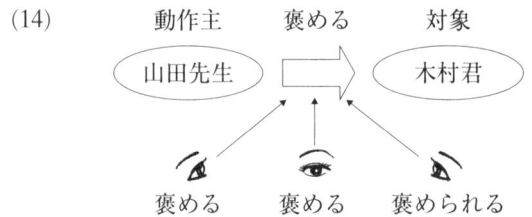

(15) a.　山田先生は木村君を褒めた。[能動文]
  b.　木村君は山田先生に褒められた。[受身文]

(14)の図で，山田先生は褒めるという動作・行為を行う「動作主」，木村君はその動作・行為を受ける「対象」と呼ぼう。そして，山田先生が木村君を褒める場合，山田先生は木村君に一方的に働きかけ，木村君自身は何もしないので，この一方向の働きかけを片方向の矢印で示そう。

　さてここで，話し手が山田先生寄りの視点か，中立の視点をとって(14)の事象を述べれば，(15a)のように能動文で表現するが，話し手が木村君寄りの視点をとれば，この視点からこの事象を表す単独の動詞がないので，受身形が用いられる。つまり，(15b)の受身文「木村君は山田先生に褒められた」が用いられることになる。したがって受身文は，話し手がある事象の動作主（行為者）ではなく，その動作・行為を受ける対象（つまり，受身文の主語）に自分の視点を寄せてその事象を述べる文であることが分かる。そして，(15a)の能動文は，主語（主題）の「山田先生」について述べた文であり，(15b)の受身文は，同じく主語（主題）の「木村君」について述べた文である。

　ここで，次のような能動文と受身文を考えてみよう。

(16) a.　警察は子供の命を救った本田さんに感謝状を贈った。
  　　[能動文]
  b.　子供の命を救った本田さんは，警察から感謝状を贈られた。[受身文]
  c.　感謝状が子供の命を救った本田さんに警察から贈られた。[受身文]

(16a)の能動文の主語「警察」は，感謝状を本田さんに贈るとい

う動作・行為を行う動作主であり，「本田さん」と「感謝状」は，その贈るという動作・行為のそれぞれ「対象者」，「対象物」なので，ともに「対象」と呼ぶことができる（専門的には，「本田さん」は「受領者」または「着点」，「感謝状」は「対象」と呼ばれるが，ここでは簡略化して述べる）。したがって話し手は，(16a) の能動文に対して，「本田さん」に自分の視点を寄せてそれを主語にした (16b) の受身文と，「感謝状」に自分の視点を寄せてそれを主語にした (16c) の受身文の二つを作ることができる。ただ，「本田さん」と「感謝状」を比べると，話し手は人間の「本田さん」には自分の視点を寄せやすく，(16b) は会話などでも用いられる普通の文であるが，無生物の「感謝状」に自分の視点を寄せた (16c) は，客観的で，ニュースで伝えられる報告文や書き言葉で用いられる文という感じがする。

　受身文の形に関してここで3点指摘しておきたい。1点目は，能動文と受身文の対応関係である。(15a)（＝「山田先生は木村君を褒めた」）の動詞「褒める」や (16a)（＝「警察は子供の命を救った本田さんに感謝状を贈った」）の動詞「贈る」は他動詞であり，「木村君を，本田さんに，感謝状を」は，この他動詞の目的語である。受身文は一般に，対応する能動文の目的語（つまり，動詞が表す動作・行為の対象）に話し手が自分の視点を寄せて，それを文中で最も目立つ主語位置に「格上げ」し，能動文で主語位置を占めていた要素を副詞的要素の「ニ」格名詞句（や「カラ，ニヨッテ」を伴う名詞句）に「格下げ」したり省略して，格上げした主語（主題）について述べる文である。このように，受身文に用いられる動詞は，目的語をとる他動詞が一般的であるが，自動詞の受身文も可能であり，この点は以下で述べる。また受身文には，(15)，(16)で見たように，それに対応する能動文があるのが普通であり，このような受身文は「直接受身文」と呼ばれる。ただ，日本語（や

ベトナム語, 中世モンゴル語) には, この直接受身文に加え, 対応する能動文のない (17a) のような受身文がある。

(17) a. 僕は帰り道で雨に降られた。[間接受身文]
　　 b. *帰り道で雨が僕を降った。
　　　　(cf. 帰り道で雨が降った。)

このタイプの受身文は「間接受身文」と呼ばれ, 世界の多くの言語にはない形の受身文である。この受身文は第2章で考察する。

指摘すべき2点目は, 能動文の主語が受身文で格下げされる場合,「ニ」でマークされるだけでなく, 次のように「カラ」や「ニヨッテ」でもマークされるという点である ((16b, c) も参照)。

(18) a. 私は友人から大金を預けられた。
　　 b. 白熱電灯はエジソンによって発明された。(『日本語基本動詞用法辞典』p. 427)
　　 c. グリム兄弟のドイツ語辞書は, 彼らの死後, 執筆が後継者たちによって続けられた。そして着手以来, 123年を経て, 1961年に完成した。

(18a) や先の (16b, c) のような「カラ」の使用は,「僕はこの本を太郎から／にもらった」と共通し, 動作の「起点」(source) を明示する表現であり, (18b, c) のような「ニヨッテ」受身文は, 客観的で格調の高い文体でよく用いられるが, 本書では最も一般的に用いられる「ニ」格名詞句の受身文を考察する。[1]

第3点目は, 動詞と受身形態素「られる」の結びつきに関してである。受身形は, 動詞の語幹に「られる」(-rare-ru) をつけて

---

[1]「ニ」受身文と「ニヨッテ」受身文の違いについては, Kuroda (1979), 砂川 (1984) 等を参照。

表し，序章で観察した可能形や使役形のように，動詞の語幹が母音で終われば，そのまま -rare-ru がつくが，動詞の語幹が子音で終われば，語頭の r が落ちて，-are-ru がつく。「褒める」(home-ru) の語幹は home- で母音で終わるので，そのまま -rare-ru がついて「褒められる」となる。これに対し，たとえば「叩く」(tatak-u) だと，語幹が tatak- で子音で終わるので，-rare-ru の語頭の r が落ちて -are-ru がつき，「叩かれる」(tatak-are-ru) となる。

さて，視点の話に戻り，次のような場合を考えてみよう。

(19)

(20) a.　私は木村君を褒めた。
　　 b.　*木村君は私に褒められた。

(19) では，話し手自身が木村君を褒めており，これは (20a) のように能動文で言うのが普通で，(20b) のように受身文にすると，話し手が自分を客観視し，他人のように扱っている感じがして，極めて不自然である。この点は (13) の「話し手の視点規則」で説明できる。話し手は当然，他人より自分のほうが自分により近く，「親しみ」があるため，自分寄りの視点をとるのが最も自然である。そのため，(20a) の能動文を用いるのが一般的であり，わざわざ他人の木村君寄りの視点をとっている (20b) の受身文は，(13) の視点規則に違反して不適格となる。

4. どんな動詞が受身になるか？

前節で，受身文には一般に他動詞が用いられると述べたが，他

動詞でも受身文として認められない場合がある。次の文を比べてみよう。

(21) a.　僕の友達は山田先生に叱られた。
　　　b.　遭難者は暴風雨の中，幸いにも救助隊に助けられた。
　　　c.　多くの家が台風で壊された。
(22) a.　*花子は太郎に駅前で5分待たれた。
　　　b.　*山田先生は村山先生に会場で偶然見かけられた。
　　　c.　*太郎は花子に知られている。

(21)，(22) の動詞「叱る，助ける，壊す，待つ，見かける，知る」は，いずれも目的語を必要とする他動詞であり，これらの受身文は，話し手がその目的語に自分の視点を寄せて，それを主語にした受身文である。しかし，(21a-c) は日本語としてまったく自然であるが，(22a-c) は日本語として容認されない不適格文である。この違いはどこに原因があるのだろうか。

(21a) では，山田先生が話し手の友達を直接対象 (direct target) として叱るという行為を行い，その友達はその行為の結果，変化や影響を受けることになる。(21b) も同様で，救助隊が遭難者を助けたことにより，遭難者は救助されて，それまでの状態から変化を受けている。また (21c) でも，家が普段の状態から壊されて変化を受けている。これに対し (22a) では，太郎が花子を待つという行為は，太郎一人が勝手に行う自律的行為であり，花子には何もなされていない。そのため，花子はそのことで何の変化も受けていない。また (22b) で，村山先生が山田先生を偶然見かけるという事象は，村山先生が自律的に遭遇する事象であって，山田先生に対しては何もなされておらず，山田先生はそのことで何の変化も受けていない。さらに (22c) で，花子が太郎のことをよく知っていても，それは二人が知り合いであるというだ

けで，そのことで太郎に何かがなされているわけではなく，太郎はそのことで変化を受けてはいない。つまり，適格な (21a-c) では，不適格な (22a-c) と違って，受身文の主語指示物を直接対象として何かがなされ，主語指示物はそのことにより，それ以前の状態から変化し，影響を受けていることが分かる。

このように言うと，次のような心理動詞や知覚動詞の受身文では，主語指示物に物理的には何もされていないと言われるだろう。

(23) a. 太郎は花子に愛されている／嫌われている。
   b. 鈴木先生は多くの学生に尊敬され，慕われている。
(24) a. 私は電車の中で変な人にジロジロ見られたので，女性専用車両に移った。
   b. 人はどんなときでも神様に見られているんですよ。

しかし，(23a, b) では，太郎や鈴木先生は，花子や多くの学生の愛や尊敬の直接対象であり，愛されたり，尊敬されることにより，それまでのそうでない状態から変化していることになる。また (24a) では，話し手が変な人にジロジロ見られたことで，状態変化や影響を受けている。(24b) では，人がいつも神様に見られていることで，そうでない状態とは異なる変化や影響を受けることになる。したがって，このような心理動詞や知覚動詞の場合でも，受身文が適格となるのは，主語指示物を直接対象として何かが物理的，心理的になされ，主語指示物はそのことにより，それ以前の状態から変化し，影響を受けている場合であると言える。[2]

---

[2] (24a) の動詞は単純過去形であるが，「ジロジロ見られた」となっており，(23a, b)，(24b) の動詞は「〜ている」形を伴って，「愛されている，見られて

ここで、「変化」や「影響」という用語について一言触れておきたい。そのために、次の文を考えてみよう。

(25) a.　太郎は、通りで知らない人に話しかけられた。
    b.　太郎は花子に期待されている。

これらの文では、太郎が知らない人に話しかけられたり、花子に期待されたことで、それ以前の話しかけられていない状態や期待されていない状態から変化があり、それに答え／応えなければというような影響を受けることになる。よって、(25a, b) は適格であると考えられる。ただ、ここで、「変化」や「影響」を物理的な変化や目に見える直接的な影響と解釈して、知らない人が太郎に話しかけても、太郎自身は何の変化もしないし、話しかけられたぐらいで目に見えるような影響はないと思われるかも知れない。また、花子が太郎に期待しても、太郎がそれを知らなければ、太郎は何の変化も影響も受けないと思われるかも知れない。しかし、ここで用いている「変化、影響」という言い方は、このような物理的変化や目に見える直接的な影響という意味ではなく、主語指示物にある動作がなされたり、ある思いが向けられた場合に、それ以前の主語指示物の状態と比べて、変化や影響が生じているかどうかであることに留意されたい。

いる」のようになっており、これが、主語が当該の事象により変化や影響を受けているという解釈を強めていることに注意されたい。次の文でも同様で、(ia) が不自然なのは、話し手が神様に一回だけ見られても、変化や影響を受けないと考えられるからであり、(ib) が適格になるのは、話し手がずっと神様に見られていることで、話し手は変化や影響を受けていると考えられるからである。

(i) a. ??僕は神様に見られた。
    b.　僕はいつも神様に見られている。

以上の考察を，次のように示そう（「対象」の下の波線は，対象が当該の動作や状態の結果受けた変化・影響を表すものとする）。

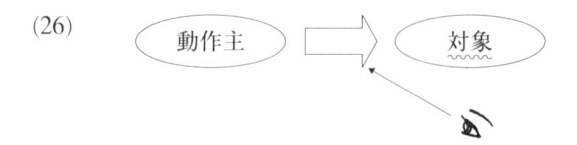

(26) 動作主 ⇒ 対象

この点から受身文は，話し手が，ある事象の動作主ではなく，対象に自分の視点を寄せ，その対象者／対象物の状態に変化や影響がもたらされたことを述べる文であると言える。

以上をまとめて，受身文が適格となるための条件を次のように規定しよう。

(27) 受身文の状態変化制約：
   受身文は，動詞が表す事象が，その主語指示物を直接対象としてなされ，その状態に変化や影響を及ぼす場合に適格となる。

5. 実例の観察

ここで，実際に受身文が用いられている用例を観察して，(27)の制約が働いていることを見ておきたい。以下の例文は，手元の小説，随筆，解説書等10冊から2文ずつ無作為抽出したものである。[3] まず，受身文の主語と「ニ」格名詞句がともに〈人〉の例

---

[3] 次の本から例文を採った。小川洋子『博士の愛した数式』，藤原正彦『若き数学者のアメリカ』，『国家の品格』，黒柳徹子『窓ぎわのトットちゃん』，小笠毅・佐藤愛『学びの二人四脚』，さだまさし『眉山』，『夏解』，梅田正己『この国のゆくえ』，長野ヒデ子『ふしぎとうれしい』，平塚秀雄『頭痛の恐さを知っているか』。

を見てみよう。

(28) a. 仲間たちは博信に追いかけられても簡単に逃げおおせた。
   b. しかし博士はいくらルート[子供の愛称]に責められようとも悠然としていた。
   c. 結局，自分は母にこんなところまで連れてこられたのだ，と咲子は改めて思う。
   d. 学生にマサヒコなどと呼ばれれば，お袋に叱られたような気分になってイヤだ。
   e. ひと休みしたあと，先生たちに連れられて，みんな海に出かけた。

これらの例は，いずれも (27) の「受身文の状態変化制約」を満たしている。(28a) では，博信が仲間たちを直接対象として追いかけ，そのことで仲間たちは，それまでとは異なる変化や影響を受ける。また (28b) でも，ルートは博士を直接対象として責め，そのことで博士は変化や影響を受けることになる。(28c-e) についても同様である。

次に，受身文の主語が〈人〉で，「ニ」格名詞句が〈物〉の例が 1 例 ((29a))，「ニ」格名詞句が示されていない例が 7 例あった。

(29) a. いつまでも博士はへ理屈を並べていたが，私の強引さに押し切られ，渋々本を閉じた。
   b. 戦争になれば，敵をなるべくいっぱい殺した者が，世界中どこでも英雄として称えられます。
   c. トットちゃんは，ひっぱられながら，ヒヨコたちを見た。
   d. 普通高校に通う若者たちは，勉強に部活にと，高校

　　　　　生という時期に存分に学び，遊ぶ機会が与えられて
　　　　　います。
　　e.　私ははげまされてきました。
　　f.　カゼと診断された後も頭痛が続き，脳外科へ回され
　　　　　た患者のうち約 4％ がクモ膜下出血だったという
　　　　　データがあります。
　　g.　何ごとかと仕事を途中にして 1 階に降りますと，時
　　　　　間外診療の診察室にかつぎ込まれた F さんが診察台
　　　　　でうめいていました。

これらの例もすべて，受身文の状態変化制約を満たしている。た
とえば (29a) では，話し手の強引さ（話し手）が博士を直接対象
として押し切り，博士はそのことで変化や影響を受けている。
(29b) では，人々が敵を多く殺した人を直接対象として英雄と称
え，その人は称えられることでそれ以前とは異なる変化や影響を
受ける。(29c-g) についても同様である。

　実例の中で最も多かったタイプは，受身文の主語が〈無生物〉
で，「ニ」格名詞句が示されない文で，以下の 11 例があった。

(30) a.　祖父は外地で早死にし，遺骨は樺太に残された。
　　b.　毎週，各セミナーでの話し手および題目の一覧表が
　　　　　数学教室全員に配られることになっている。
　　c.　正面には白い菊の花で飾られた祭壇がしつらえてあ
　　　　　り，「平成 16 年度慰霊祭」という看板が掲げられて
　　　　　いる。
　　d.　先生は，教育の自由や学問の自由が侵害されたとし
　　　　　て，国を相手どって裁判を起こした。
　　e.　戦後はことあるごとに「自由」が強調されてきまし
　　　　　た。憲法や教育基本法をはじめ，さまざまな法律に

も，基本的な人間の権利として書かれております。
- f. 国旗・国家と歴史上の人物 42 人がすべての教科書に盛り込まれ，文部省の意向は十分理解された。
- g. そして，1989 年には，「子どもの権利条約」が国連総会で採択されました。
- h. 日本で生まれた庶民文化の紙芝居が今とても見直されています。

これらの例もすべて，受身文の状態変化制約を満たしている。(30a) では，遺骨は樺太に残された直接対象であり，そのことで遺骨は変化や影響を受けている。(30b) でも，一覧表は数学教室全員に配られる直接対象（配布物）であり，配られることで変化や影響を受けることになる。また，たとえば (30e) でも，自由は強調されたり，人間の基本的な権利として書かれたりする直接対象であり，そうされることにより変化や影響を受けていると考えられる。他の例でも同様である。

　以上，簡単に実例を観察したが，どの例も受身文の状態変化制約を満たしている。つまり，私たちがある事象を受身文を用いて記述する場合，その事象の対象に自分の視点を寄せ，それを受身文の主語に「格上げ」し，それがどのような状態変化を受けるかを述べようとしていると言える。

　上では，20 の例文の中に 25 の受身文の実例があったが，その 18 例（72%）が動作主を表す「ニ」格名詞句を伴っていない。このことは，受身文では，話し手の関心が主語に「格上げ」された対象にあり，副詞句に「格下げ」された動作主には関心が薄いことの当然の帰結であると言える。

6. 〈無生物〉が主語で，「ニ」格名詞句が〈人間〉の受身文

上で受身文の実例を観察したが，その中に主語が〈無生物〉で，「ニ」格名詞句が〈人間〉の受身文が1例もないことに注目したい。そのような受身文を次の (a) の能動文に対応させて作ってみると，(b) の受身文がいずれも日本語として不自然で，何の文脈もなく唐突に用いられると，不適格と判断される。

(31) a. 母はよくこの靴を履いていた。
    b. *この靴はよく母に履かれていた。
(32) a. 父がハワイでこの写真を撮った。
    b. *この写真はハワイで父に撮られた。
(33) a. 山田君が教室の窓を開けた。
    b. *教室の窓が山田君に開けられた。

(31)-(33) の (b) の受身文は，受身文の状態変化制約を満たしている。(31b) では，母は話題となっている靴を直接対象として履き，その靴は履かれることで状態変化を受けている。(32b)，(33b) も同様である。それにもかかわらず，これらの受身文が不適格なのはどうしてであろうか。これは，先に導入した (13) の「話し手の視点規則」で説明できる。つまり，話し手は，自分の視点を自分により近い，親しみのある特定の人物に近づけないで，親しみのより薄いと考えられる無生物に自分の視点を近づけることが一般に難しいからである。(31)-(33) では，「母，父，山田君」という特定の人物と，「この靴，この写真，教室の窓」という無生物が当該の事象に関わっているが，話し手は，自分がより親しみのある特定の個人を副詞句に格下げしてしまい，親しみのより薄い無生物を主語に格上げして受身文を作り出しており，これは (13) の視点規則に違反する。(16c)（=「感謝状が子供

の命を救った本田さんに警察から贈られた」）で見たように，話し手がもし無生物に自分の視点を近づけて受身文を用いる場合は，客観的描写となり，動作主が「ニ」格名詞句ではなく，次のように「カラ」や「ニヨッテ」でマークされるのが一般的である。

(34) a. 事故の様子が目撃者から報告された。
　　 b. 患部が専門医によって入念に見られた。(『日本語基本動詞用法辞典』p. 495)
　　 c. グリム兄弟のドイツ語辞書は，彼らの死後，執筆が後継者たちによって続けられた。(cf. (18c))

したがって，無生物が主語で，「ニ」格名詞句が特定の人物である (31)–(33) の (b) のような受身文は，何かほかに特別な理由がない限り，一般には用いられないと考えられる。

ここで興味深いのは，(31)–(33) の不適格な日本語の受身文は，英語ではまったく自然であるという点である。

(35) a. This pair of shoes was frequently worn by my mother.
　　 b. This picture was taken by my father in Hawaii.
　　 c. The windows of the classroom were opened by Yamada.

この日英語の違いは，英語では無生物主語構文が発達しており，〈人間〉と〈無生物〉に関する話し手の視点規則があまり強く働かないのに対し，日本語では無生物主語構文が特別な状況を除いてあまり好まれず，特定の〈人間〉を副詞句に格下げしてまで，〈無生物〉を最も目立つ主語位置に格上げすることが，特別な理由がない限り，一般に好まれないことに起因すると考えられる。

(31)–(33) では「ニ」格名詞句が特定の人物であるが，同じ人

間でも，特定の顔を持たない多くの人たちや，話し手の知らない人物であれば，それらが〈物〉扱いされて，視点規則に違反せず，次のように適格となる。

(36) a. このタイプの靴は，最近多くの若い女性に履かれている。
    b. 教室の窓が昨夜，誰かに開けられたに違いない。

(36a, b) は，話し手の視点規則に違反せず，受身文の状態変化制約も満たしているので，適格である。

以上の議論をまとめ，(27) の「受身文の状態変化制約」を次のように修正しておこう。

(37) 受身文の状態変化制約：
    受身文は，動詞が表す事象が，その主語指示物を直接対象としてなされ，その状態に変化や影響を及ぼす場合に適格となる。ただし，無生物が主語で，「ニ」格名詞句が特定人物の受身文は，この制約を満たしても，話し手の視点規則に違反するので，不適格となる。

7. 主語の特徴付け

これまで観察した例から分かるように，受身文には一般に他動詞が用いられる。つまり，能動文で他動詞がとる動作主の主語と，対象の目的語のうち，話し手が対象の目的語に自分の視点を寄せて，それを主語に格上げして，その主語の状態変化について述べるのが受身文である。しかし，他動詞ではなく，自動詞が受身文に用いられる場合もある。たとえば，「登る，泳ぐ」は自動詞であるが，次の対比を見てみよう。

(38) a. *この山は昨日，太郎に登られた。
　　 b. この山は，もう数百年も前に山頭火に登られている。
　　 c. アイガー北壁はまだ誰にも登られていない。(『日本語基本動詞用法辞典』pp. 406–407)
(39) a. *このプールは昨日，小学生に泳がれた。
　　 b. このプールはまだ誰にも泳がれていない，完成したばかりのプールです。

(38a) が不適格であるのに対し，(38b) はほぼ自然，(38c) はまったく自然な受身文である。また (39a) は不適格であるが，(39b) はほぼ自然な受身文である。この違いは一体何に起因するのだろうか。

(38a, b) をまず見てみると，ともに主語が「この山」という〈無生物〉で，「ニ」格名詞句が「太郎，山頭火」という特定の〈人間〉であるため，両文とも上で観察した話し手の視点規則に違反している。そしてまた，人が山に登っても，その山が変化や影響を受けているとは考えられないため，これらの文は受身文の状態変化制約にも違反している。そのため，(38a) が不適格なのは理解できるが，それにもかかわらず (38b) はどうして適格なのだろうか。

それは，受身文には，その主語の状態変化を述べるという意味機能だけでなく，その主語がどのような特徴，特性，属性を持っているかを述べる意味機能もあるためだと考えられる。(38a) では，太郎がある山に登っても，そのことでその山がどんな山かは示されないが，(38b) では，山頭火が数百年も前にその山に登ったのであれば，その事実によりその山は由緒のある山であるというような特徴付け，性格付けがなされている。同様のことは (38c) についても言え，アイガー北壁がまだ誰にも登られていな

いという記述は，アイガー北壁が険しく，登るのが困難であるという特徴付け，性格付けがなされている。この点は (39a, b) についても言える。(39a) では，小学生が昨日そのプールで泳いだとしても，そのことによってそのプールの特徴や属性は何ら述べられていない。一方 (39b) では，そのプールが完成したばかりで，まだ誰も泳いでいないということによって，そのプールができたばかりの真新しいプールであるという特徴付けがなされている。

不適格な (38a), (39a) の動詞は，「登られた，泳がれた」という過去形の表現であるが，適格な (38b, c), (39b) の動詞は，「登られている／いない，泳がれていない」という，過去のある時点から現在までを視野に入れて述べた完了表現である。主語は，その過去の散発的な動作より，現在までの動作や継続的状態によってより特徴付けられるために，(38b, c) や (39b) では，動詞がこのような表現になっていることにも留意されたい。

受身文によってその主語が特徴付けられているかどうかという点は，自動詞の受身文だけでなく，他動詞の受身文についてもあてはまる。次の例を見てみよう。

(40) a. *この歌は，よく花子に歌われた。
　　 b. この歌は最初，石原裕次郎に歌われたもので，団塊の世代の人たちを魅了した。
(41) a. *文部省唱歌「赤とんぼ」は，昨日花子に演奏され，京子に歌われた。
　　 b. 文部省唱歌「赤とんぼ」は，三木露風に作詞され，山田耕作に作曲された。
(42) a. *この電子辞書は，花子に愛用されている。
　　 b. 我が社の電子辞書は，作家の村上春樹氏にも愛用さ

れています。

上の受身文はいずれも,主語が〈無生物〉で,「ニ」格名詞句が特定の〈人間〉であるため,話し手の視点規則に違反しているが,(a) は不適格であるものの,(b) はほぼ問題のない適格文である。その理由は,(a) では主語が何ら特徴付けられていないのに対し,(b) では主語の特徴付けがなされているためだと考えられる。たとえば (40a, b) では,花子がその歌をよく歌ったというだけでは,その歌がどのような歌かが示されないが,石原裕次郎が最初に歌ったものであると言えば,その歌の性格付け,特徴付けがなされることになる。(41), (42) でも同様のことが言える。したがって,受身文の二つ目の意味機能として次の制約を設けることができる。

(43) 受身文の特徴付け制約:
受身文は,話し手がその主語を特徴/性格付けるときに適格となる。

(43) の制約は,(38a, b), (40)–(42) で観察したように,視点規則の違反——つまり,主語が無生物で「ニ」格名詞句が特定個人——があっても適用されることに注意されたい。つまり,話し手は視点規則に違反してでも,有名人やよく知られている特定個人を「ニ」格名詞句にして,その主語を特徴/性格付けているわけで,その場合は視点規則がいわば無効になる。[4]

---

[4] 私たちは前節で,次の (ia-c) が視点規則の違反により不適格になることを見たが,これらの文でも,たとえば (iia-c) のようにすれば,主語の特徴付けとして解釈され,適格性が高くなる。

(i) a. *この靴はよく母に履かれていた。(= (31b))
   b. *この写真はハワイで父に撮られた。(= (32b))
   c. *教室の窓が山田君に開けられた。(= (33b))

受身文の主語の特徴付けは,「ニ」格名詞句が特定の個人でなくてももちろん可能である。次の例を見てみよう。

(44) a. 富士山は日本一高い山として,世界の人々に知られている。
b. モーツァルトの曲は,老若男女を問わず,全世界の多くの人々に愛されている。
c. その雑誌は,一部の専門家を除いて,まだほとんど誰にも知られていない。

(44a-c)は,富士山がどんな山か,モーツァルトの曲がどんな曲か,その雑誌がどんな雑誌かを述べており,それらの性格付けを行っている。よって,これらの受身文は(43)の特徴付け制約を満たして適格となる。

8. 利害の表明

受身文の意味機能には,主語の状態変化や特徴を述べるだけでなく,日本語の場合,もう一つ,利害の表明という意味機能があるように思われる。次の例を見てみよう。

(45) a. *学校の廊下が猫に歩かれた。
b. ?ワックス塗り立ての学校の廊下が猫に歩かれた。

(ii) a. この靴は,母にずっと愛用されていたので,母が亡くなっても,私は形見のように愛着があるのです。
b. この写真は,ハワイで父に撮影されたものである。
c. 教室の窓は,その頃,いつも山田君に開けられ,鈴木さんに閉められていた。

  c. ワックス塗り立ての学校の廊下が猫に<u>歩かれ</u>，足跡が残ってしまった。

(46) a. *信州大学は山田君に<u>入学された。</u>

  b. 信州大学はオウム真理教徒に<u>入学された。</u>

(47) a. *このプールは昨日，小学生に<u>泳がれた</u>。(＝(39a))

  b. 水を入れ換えたばかりのプールが，どろんこ遊びをしたばかりの子供に<u>泳がれて</u>，大変なことになってしまった。

 (45)–(47) の動詞「歩く，入学する，泳ぐ」はいずれも自動詞であり，(a) の受身文は不適格であるが，(45b) はほぼ適格か多少不自然，(45c)，(46b)，(47b) は適格である。この違いはどうして生じるのだろうか。

 (45a)，(46a) で，猫が学校の廊下を歩いたり，山田君が大学に入学しても，そのことによって廊下や大学が変化や影響を受けるとは考えられない。そのため，これらの文は受身文の状態変化制約を満たしていない。さらにこれらの受身文は，主語が無生物で，「ニ」格名詞句が特定の人間 (や動物) であるため，話し手の視点規則にも違反している。さらに (47a) で，小学生がプールで泳いでも，そのプールはそのことで変化や影響を受けるわけではない。したがって，この文は受身文の状態変化制約を満たしていない。(45)–(47) の (a) 文ではさらに，受身文の主語が当該事象により特徴付けられてもいない。たとえば (45a) で，猫が学校の廊下を歩いても，それは廊下の特徴や属性を表すものではない。よってこれらの文は，受身文の特徴付け制約も満たしていない。以上の理由により，これらの文は不適格になると考えられる。

 ここで，これら不適格な (a) 文と (ほぼ) 適格な (45b, c)，

(46b), (47b) を比べてみると，後者では，話し手や文の主語が，当該の事象により被害・迷惑を被っていることが如実に示されていることに気づく。たとえば (45b, c) では，猫がワックス塗り立ての廊下を歩いたことで，話し手が被害・迷惑を被っていることが示されている。また (46b) でも，オウム真理教徒が大学に入学してきたことで，大学関係者が迷惑を被っていることが示されている。(47b) でも同様である。したがって，受身文は，主語の状態変化や特徴を述べていなくても，あるいは話し手の視点規則に違反していても，話し手や主語がその受身文の表す事象により，被害や迷惑を被っていることが示されれば適格になることが分かる。

上記の点は，他動詞の受身文についても同様にあてはまる。次の例を見てみよう。

(48) a. *今日の新聞は，もうお父さんに読まれた。
　　 b. 今日の新聞は，僕が一番先に読もうと思っていたのに，もうお父さんに読まれてしまっていた。
(49) a. *この帽子は太郎にかぶられている。
　　 b. 一郎の帽子は兄にかぶられて，ぶかぶかになった。
(50) a. *その車はいつも太郎に乗られている。
　　 b. 太郎の車が次郎に乗られて汚されたらしい。

(48)–(50) のそれぞれ (a) と (b) の受身文でも，用いられている動詞は同じであるが，(a) は不適格であり，(b) は適格である。両者を比べてみると，(a) では，たとえば父が新聞を読んだという客観的事実が，あえて受身文で表現され，視点規則に違反しているのに対し，(b) では，話し手が最初に読みたかった新聞を父が読んだことを受身文で表現することによって，話し手が被害や迷惑を被っていることが示されている。つまり，受身文を用いる

意味機能として、被害や迷惑の表明があることになる。

　この点は、たとえば次の能動文と受身文を比べてみると一層はっきりする。

(51) a. 　オウム真理教徒が信州大学に入学した。［客観的描写］
　　 b. 　信州大学はオウム真理教徒に入学された。

　　　　　　　　　　　　　　　　　　　　　　　　［被害の表明］

(51a) の能動文は、たとえばアナウンサーがニュースで事実を客観的に報告しているような文であるが、(51b) の受身文では、そのような事実の報告に加え、話し手や当事者が被害や迷惑を被っていることが如実に読み取れる。

　(45)-(50) では、それぞれ適格文と不適格文で同一の動詞が用いられているが、動詞の語彙特性として、それが中立的・客観的意味を伝達するものと、被害・迷惑の意味を伝達するものがある。たとえば「食べる、乗る、開ける、履く、着る、消す、掃除する、(写真を) 撮る、使う、描く、所有する、掘る」など、多くの動詞は、これまでの例でも見たように、中立的・客観的意味を伝達するため、主語が無生物で「ニ」格名詞句が特定個人の受身文は、話し手の視点規則に違反して不適格になる。一方、たとえば「破る、盗む、捨てる、壊す、倒す、反対する、無視する、批判する、崩す」などは、これらの動詞の語彙特性として被害・迷惑の意味が内包されており、これらの動詞が表す事象を受身文で述べると、当事者が被害や迷惑を被っていると推測される。そのため、次のような受身文は、主語が無生物で「ニ」格名詞句が特定の個人であるが、日本語として問題なく容認される。

(52) a. 　この手紙、太郎に破られたんです。
　　 b. 　金庫にしまっていたお金が秘書に盗まれた。

c. あのオモチャは、お父さんに捨てられてしまった。
   d. 玄関のドアが次郎に壊された。
   e. 運動会の棒倒しで、赤組の棒が白組の大将に倒された。
   f. 原案は総務部長に反対／無視された。
   g. 学会で、太郎の発表は山田教授に批判された。
   h. 田中先生の仮説は、青木先生に簡単に崩された。

(52a-h) の各受身文は、主語が動詞の表す行為の直接対象であり、その行為によって変化や影響を受けるため、受身文の状態変化制約を満たしているが、主語が無生物で「ニ」格名詞句が特定の個人であるため、話し手の視点規則に違反している。したがって、これまでの議論からすると、これらの受身文は不適格であると予測される。それにもかかわらず、これらの受身文がまったく自然なのは、話し手や当該事象の関係者が、これらの受身文の表す事象により、被害や迷惑を被っていると解釈できるからであると考えられる。たとえば (52a, b) では、太郎がその手紙を破ったり、秘書がお金を盗んだことで、話し手や当事者が被害・迷惑を被っていることが推測される。他の例も同様である。

　受身文で被害・迷惑の意味だけでなく、これとは逆の利益・恩恵の意味が示される場合もある。ただこの場合は、前者ほど多くはない。その理由は、日本語では、利益や恩恵を示すには、「〜してくれる／もらう」という特定の表現があるためだと考えられる（高見・久野 (2002: 第6章) 参照）。次の例を見てみよう。

(53) a. 贈り物が先生に喜ばれて嬉しかった。
   b. 太郎の出張希望は人事部長に認められた／承認された。
   c. 伊藤教授の論文は、山田博士に高く評価された／絶

賛された。

ここで，被害・迷惑と利益・恩恵を一緒にして「利害」と呼び，受身文の三つ目の意味機能として次の制約を設けよう。

(54) 受身文の利害表明制約：
受身文は利害の意味を伝達するときに適格となる。

次の文は，受身文の状態変化制約（および話し手の視点規則）を満たしてはいない受身文であるが適格であり，その理由は，(54)の利害表明制約を満たしているためだと考えられる。

(55) a. 日本生物学会は編集委員長の山本教授に<u>辞められて</u>弱っている。
 b. 僕と彼女は夜の日比谷公園で会社の川崎さんに<u>見られ</u>，噂をされるのではないかと心配した。
 c. 僕はもう先生に<u>あきらめられて</u>いる。
 d. 太郎は花子に家の前で2時間も<u>待たれ</u>，困っていた。

9. 『日本語基本動詞用法辞典』の用例から

これまで，受身文が適格となるための三つの制約を提示し，受身文はこのどれかの制約（あるいは二つ以上の制約）を満たせば適格となり，そのどれをも満たさない場合に不適格となることを示した。ここで，『日本語基本動詞用法辞典』（大修館書店，1989年刊行）に487例の（適格な）直接受身文があがっているので，それらのいくつかに言及し，上で提示した三つの制約のどれを満たしているかを考えてみよう。

487例をすべて観察してみると，そのほとんどが受身文の状態変化制約を満たしていることが分かる（この点は，先に観察した25

例の実例が，すべてこの制約を満たしていたことと符合する)。もちろん，状態変化制約を満たしている受身文は，同時に特徴付け制約や利害表明制約を満たしているものもあるが，受身文はこれら三つの制約のどれかを満たしておれば適格となるため，そのような受身文は当然，適格である。まず，受身文の主語が人間で，「ニ」格名詞句も特定の人間（や動物）の場合の例をいくつかあげよう。

(56) a. 横綱は平幕力士に寄られて，土俵を割りそうになった。
b. 娘は悪い男にだまされた。
c. 子供が犬にかまれた。
d. 赤ん坊がお母さんに抱かれている。
e. 私は友人に結婚式に招かれた。

これらの文では，受身文の主語がそれぞれの事象の直接対象であり，その事象を受けることによってそれまでの状態から変化していることが分かる。たとえば (56a) では，横綱は平幕力士が寄る直接対象であり，寄られて影響を受け，それまでの状態から変化している。他の例でも同様のことが言える。よってこれらの例は，すべて状態変化制約を満たしている。ここで (56a-c) の動詞は「寄る，だます，かむ」であり，これらの動詞が表す事象から当事者が何らかの被害や迷惑を受けると推測される。その点でこれらの例は，受身文の利害表明制約も満たしていると考えられる。

次に，受身文の主語が人間で，「ニ」格名詞句が無生物か ((57a, b))，あるいは示されていない例 ((57c-e)) を見てみよう。

(57) a. 我々は規則に縛られて自由に行動できない。
b. あの大臣は新聞社にこっぴどくたたかれた。

c. 犯人は殺人罪で訴えられた。
　　d. 泥棒が捕まえられた。
　　e. 彼が重役に迎えられた。

これらの例でも，主語はそれぞれの事象の直接対象であり，その事象により状態変化を受けている。たとえば (57a) では，話し手たちは規則に縛られることによって変化を受け，(57c) では，犯人は訴えられることで変化を受けている。他の例も同様である。よってこれらの例はいずれも状態変化制約を満たしている。ここで (57a, b) では，動詞が「縛る，たたく」であり，これらの事象を受ける当事者は被害・迷惑を受けることが推測されるので，利害表明制約も満たされていると考えられる。

　次に，主語も「ニ」格名詞句も無生物の例を見てみよう。このタイプの例は極めて少なく，10例に満たなかった。

(58) a. 村が濁流にのまれた。
　　b. 甲板が波に洗われている。
　　c. たくさんのデータがコンピュータに覚えられた。

ここでも，村は濁流にのまれ，甲板は波に洗われ，データはコンピュータに記憶されて，それまでの状態から変化，影響を受けているので，これらの例は状態変化制約を満たしている。

　最後に，主語が無生物で「ニ」格名詞句が示されていない場合の例を見てみよう。用例中，このタイプが最も多く，この点は先に観察した実例でも同様であった。

(59) a. 部屋が暖められた。
　　b. その金は落し主に返された。
　　c. ケーキが四つに切られた。
　　d. 車のボディがこすられている。

e. 年間百万台の自動車が製造された。

　これらの例でも，主語指示物が，それぞれの事象により状態変化を受けている。たとえば (59a) で部屋が暖められれば，それまでの状態から変化しており，(59c) でケーキが四つに切られれば，当然，それまでの状態から変化している。よって，状態変化制約が満たされ，(59a-e) は適格となる。

　(57c-e) や (59a-e) では「ニ」格名詞句が示されておらず，受身文は，すでに観察したように，「ニ」格名詞句等の行為者が明示されない場合が多い。ある統計では，実際に用いられる受身文のおよそ 8 割が「ニ」格名詞句がないと言われており，先に見たわずかな実例でも，その 72% は「ニ」格名詞句が示されていなかった。『日本語基本動詞用法辞典』の用例は辞典執筆者の作例なので，「ニ」格名詞句が示されている例が多いと考えられるが，それでも明示されている例は 124 例で，全体の 25% だった。このように行為者があまり示されない理由は，すでに第 5 節で触れたように，受身文が行為者を格下げしてぼかし，対象を主語位置に格上げして，その対象の状態変化を述べるのが受身文の主な意味機能であるという点に求められる。格下げされた行為者は，(i) 自明であったり ((60a, b) 参照)，(ii) 不明であったり ((61a, b) 参照)，(iii) 明示すると行為者が際立って，その責任追及や行為者の誇示などになり，不都合が生じたりして ((62a, b) 参照)，しばしば示されない。

(60) a. 彼の思想は著作の中に表現されている。
　　 b. ブラジルではポルトガル語が話されている。
(61) a. 女の子が誘拐された。
　　 b. ほとんどの原料が外国から輸入されている。
(62) a. 生徒は成績別に分けられている。

b.　試験の結果は来週発表される。

たとえば (60a) で，彼の思想が著作の中に表現されていると言えば，それを表現したのは，当然，著者の彼自身である。一方，たとえば (61a) では，女の子が誘拐されたものの，その犯人は分からないので示しようがない。さらにたとえば (62a) では，生徒を成績別に分けたのは，おそらく彼らの先生であろうが，それを明示すれば，先生が非難の的になりかねない。よって行為者を示さないほうが穏当である。このように，受身文では行為者がぼかされ，示されない場合が多いが，あえて行為者を明示する場合は，そこに話し手の意図があり，対象の状態変化が誰（何）によって引き起こされたかを述べようとすることになる。

　『日本語基本動詞用法辞典』の用例487例を観察して気づくことは，状態変化制約を満たしている例で，主語が無生物，「ニ」格名詞句が特定個人の用例がないという点である。これは，話し手の視点規則に違反するためで，本章の主張の予測するところである。

　『日本語基本動詞用法辞典』の中には，(38c) に加え，数は少ないが，受身文の特徴付け制約を満たしている次の例もあった。

(63) a.　天の橋立ては日本三景のひとつに数えられている。
　　 b.　このワインはフランスでよく飲まれている。
　　 c.　この種の本は若い人によく読まれている。

これらの受身文は，天の橋立て，このワイン，この種の本が，それぞれどのようなものであるかの特徴付けを行っている。

10. 結び

　本章では，日本語の直接受身文（＝対応する能動文がある受身文）を取り上げ，このタイプの受身文がどのような条件のもとで適格となるかを考察した。まず，受身文は，話し手がある事象を，その動作主ではなく対象に自分の視点を寄せて述べる文であることを示し，日本語の直接受身文は次の三つの制約のどれか（あるいは二つ以上）を満たす場合に適格になると主張した。

(37) 受身文の状態変化制約：
　　 受身文は，動詞が表す事象が，その主語指示物を直接対象としてなされ，その状態に変化や影響を及ぼす場合に適格となる。ただし，無生物が主語で，「ニ」格名詞句が特定人物の受身文は，この制約を満たしても，話し手の視点規則に違反するので，不適格となる。

(43) 受身文の特徴付け制約：
　　 受身文は，話し手がその主語を特徴／性格付けるときに適格となる。

(54) 受身文の利害表明制約：
　　 受身文は利害の意味を伝達するときに適格となる。

　ここまで読んでこられた読者の方々は，すでにお分かりのことと思うが，最後にこの章の副題の文——「*富士山は先週，山田君に登られた」——がなぜ不適格であるかを見ておこう。富士山は，山田君が登っても，何ら変化や影響を受けることがなく，特徴付けられたり，利害を被ることもない。よってこの文は，上の三つの制約をどれも満たしていないので不適格である。つまり，山田君が先週，富士山に登ったという事象は，あえて富士山を主語に

して受身文で述べるだけの理由がなく，能動文で表現されなければならない。[5, 6]

---

[5] たとえば，山田君と話し手を含む健脚の山男数人が，日本の 2500 メートルを超える山を今年中にいくつ登れるか競争をしており，誰かがすでに登った山は，もう他の人は登れないという条件があるとしよう。このような状況で次のように言うことは可能である。

 (i) 富士山は先週，山田君に登られ（てしまっ）た。だから僕は，今週，奥穂高岳に行こうと思っている。

このような状況で (i) の第 1 文が適格となるのは，山田君が富士山に登ったことで，話し手が被害・迷惑を被っており，この文が (54) の利害表明制約を満たしているからである。(この状況設定と (i) の例文は，真野泰氏に負っている。)

[6] 本文では，日本語の受身文に関する文献をあげなかったが，本章での考察に関連する文献に興味のある方は，次のような文献を参照されたい。久野 (1983: 第 12 章)，益岡 (1987: 第 3 部第 2 章)，高見 (1995: 第 2 章)，影山(編) (2009: 第 3, 4 章)。

第 2 章

日本語の間接受身文
―「ローソクに燃えられた」とはなぜ言えないか―

1. はじめに

次の例は,実際に用いられた文を書き留めたものであるが,私たちは日々の生活の中で,このような受身文を頻繁に用いている。

(1) a. あー,お父さんに先にトイレに入られちゃったよ。
b. ここに洗濯物を干されると,嫌なんだよなー。
c. 目覚まし時計が鳴ったのを止められて,寝過ごしたじゃないか。
d. 妻に実家に帰られて,一人なんです。
e. 大関に序盤から星を落とされると,(相撲は)つまらないからね。(大相撲解説者の芝田山氏の話,2009/9/16)
f. 最近の娘さんは,お父さんに先に風呂に入られたら,水を入れ換えてお風呂に入るそうじゃないですか。
g. 晴れていたのに,急に雨に降られた...そんな経験ありませんか? (京王電車内の広告文,2009/9/26)

(1a-g)の受身文を見ると,(1f)では,「最近の娘さん」という主語(主題)が示されているが,それ以外では主語が示されていない。しかし,(1a-d)の主語は話し手,(1e)の主語は話し手を含む相撲ファンや関係者,(1g)の主語は聞き手(読み手)である。そのため,たとえば(1a)に主語を入れて通常の文にすると,次のようになる。

(2) 僕は,お父さんに先にトイレに入られた。

(1a-g)や(2)のタイプの受身文には,二つの際立った特徴がある。ひとつは,対応する能動文がないということである。第1章で考察した直接受身文は,次の(3)に示すように,対応する

能動文があるが，(2) は (4) に示すように，対応する能動文がない（第1章の (17a, b) も参照）。

(3) a. <u>その学生</u>は，<u>先生</u>に追いかけられた。［直接受身文］
　　b. <u>先生</u>は，<u>その学生</u>を追いかけた。［能動文］
(4) a. <u>僕</u>は，<u>お父さん</u>に先にトイレに入られた。［受身文］
　　　 (= (2))
　　b. *<u>お父さん</u>は，<u>僕</u>を先にトイレに入った。［能動文］

(4b) の能動文は意味をなさない非文法的な文であり，この能動文を文法的にするには，「僕を」を除くか，「先に」という表現があるので，「僕より」という形に変えなければならない。

(5) 　お父さんが／は，(僕より) 先にトイレに入った。［能動文］

(1b-g) の例でも同様のことが言えるので，ここで2例ばかり追加しておこう。

(6) a. 私は妻に実家に帰られた。［受身文］(cf. (1d))
　　b. *妻は<u>私</u>を実家に帰った。［能動文］
　　　cf. 妻は実家に帰った。
(7) a. 私は急に雨に降られた。［受身文］(cf. (1g))
　　b. *急に雨が<u>私</u>を降った。［能動文］
　　　cf. 急に雨が降った。

(4a), (6a), (7a) や (1a-g) のように，対応する能動文のない受身文は，「間接受身文」と呼ばれる。日本語ではこの間接受身文が極めて頻繁に用いられるが，興味深いことに，このタイプの受身文は，世界に5千から6千もあると言われる他の言語には存在しない形式であり（わずかにベトナム語と中世モンゴル語にあると言われているが），日本語に特有のものである。

間接受身文のもうひとつの特徴は，主語指示物が，述べられている事象により，被害や迷惑を被っているという点である。たとえば (1a) では，父親が先にトイレに入ったことで，話し手がトイレに行けず困ったとか，(1g) では，急に雨が降ったので困惑したというような意味合いがある。また (1a, g) 以外の例では，間接受身文に続いて，「嫌なんだよなー」，「寝過ごしたじゃないか」，「一人なんです」，「つまらないからね」，「水を入れ換えてお風呂に入るそうじゃないですか」と述べられており，主語指示物が当該の事象により被害や迷惑を被っていることが分かる。そのため，間接受身文は意味の点から，「被害受身文」とか「迷惑受身文」と呼ばれている。

　以上をまとめると，次のようになる。

(8)　(1a-g) の受身文:

形式上	間接受身文	対応する能動文がない
意味上	被害受身文	主語が被害・迷惑を被っている

ここで，(1a) の表す事象を次のように図示しておこう。

(9) a.　お父さんがトイレに入った。

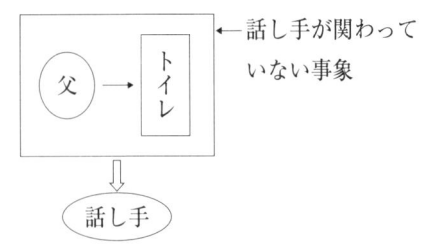

　　　　　　　　　　　　　←話し手が関わって
　　　　┌─────────┐　　　　いない事象
　　　　│ ⃝父 → □トイレ │
　　　　└─────────┘
　　　　　　　⇓
　　　　　⟨話し手⟩

　　b.　あー，お父さんに先にトイレに入られちゃったよ。(=(1a))

(9) が示すように, (1a) の間接受身文は,「父親がトイレに入った」という, 話し手が関与しない独立した事象がまずあり, そのことで話し手もトイレに行きたかったのが行けず,「迷惑」を被ったことを表現するものである。間接受身文はこのように, (i) 被害・迷惑の受け手が関わらない事象があり, (ii) その事象によって被害・迷惑を被った人を主語に立て, (iii) その事象を受身形で表現するタイプの受身文である。

2. どんな動詞が間接受身文になるか？

(1a-g) の間接受身文は, すべて実際に用いられた自然な文であるが, どんな動詞でも間接受身文になるのだろうか。次の (a) の能動文に対して, (b) の間接受身文は, 主語指示物 (つまり, 話し手) が何らかの被害や迷惑を受けていることを示していると考えられるが, いずれも不自然で, 容認されない文である。

(10) a. 風呂場の電球が切れて, 昨夜は風呂に入れなかった。
 b. *風呂場の電球に切れられて, 昨夜は風呂に入れなかった。
(11) a. うどんを食べようとしたら, メガネが曇って, 辺りが見えなかった。
 b. *うどんを食べようとしたら, メガネに曇られて, 辺りが見えなかった。
(12) a. 洗濯をしたらシャツが縮んで, 着られなくなった。
 b. *洗濯をしたらシャツに縮まれて, 着られなくなった。
(13) a. みかんが腐って, 食べられなかった。
 b. *みかんに腐られて, 食べられなかった。

(10b)-(13b) の間接受身文はなぜ不適格なのだろうか。これ

らの文を観察して，次のような回答が思い浮かぶかも知れない。

(14) a. 「切れる，曇る，縮む，腐る」は，すべて自動詞であり，他動詞は間接受身文になるが，自動詞はならない。
b. 「電球，メガネ，シャツ，みかん」は，すべて無生物であり，人間は間接受身文の「ニ」格名詞句になるが，無生物はならない。
c. 「電球が切れる，メガネが曇る，シャツが縮む，みかんが腐る」という事象は，すべて無生物主語の非意図的事象であり，意図的事象は間接受身文になるが，非意図的事象はならない。

本章では，日本語の間接受身文がどのような条件のもとで適格となるのかを考察する。まず次節で，(14a-c)の回答は，一面の真理を突いているものもあるが，どれも決定的要因ではないことを示す。そして第4節以降で，間接受身文の基本的機能を考察し，間接受身文の適格性は，単に適格か不適格かという二項対立的現象ではなく，適格から不適格までさまざまな程度（ほぼ適格，かなり不自然など）があることを示し，このような適格性の違いが，間接受身文の基本的機能から生じる要因の相互作用によって捉えられることを明らかにしたい。

3. (14a-c) はなぜ妥当でないか？

3.1. 自動詞か他動詞か？

(14a) の回答は，間接受身文に他動詞は用いられるが，自動詞は用いられないと想定しているが，自動詞か他動詞かの区別は，間接受身文の適格性を左右する要因ではない。なぜなら，間接受身文には，他動詞だけでなく ((15a, b) 参照)，自動詞も用いられ

るからである（(16a, b) 参照）。

(15) a. 2階の人に午後ずっとピアノを弾かれ，うるさかった。

b. 会議で同僚にタバコを吸われ，煙たかった。

(16) a. その人は，電車の中で赤ちゃんに泣かれ，困った顔をしていた。

b. 地域の人たちは，毎晩暴走族にオートバイで走られ，ずっと迷惑している。

(15a, b) の「(ピアノを) 弾く，(タバコを) 吸う」は他動詞であり，(16a, b) の「泣く，走る」は自動詞であるが，これらの間接受身文はすべて適格である。したがって，(14a) のように，自動詞は間接受身文にならないとは言えない。実際，すでに見た(1a-g) のうち，(1a, f) の「(トイレ／風呂に) 入る」，(1d) の「(実家に) 帰る」，(1g) の「(雨が) 降る」は自動詞であり，これらの間接受身文がまったく適格であることから，(14a) の回答は妥当でなく，自動詞／他動詞の区別は，間接受身文の適格性とは無関係である。

3.2. 人間か無生物か？

次に (14b) の回答は，間接受身文の「ニ」格名詞句に人間はなれるが，無生物はなれないと想定している。この違いは，第4節以降で見るように，重要な要因の一つではあると考えられるが，間接受身文の適格性を決定づける要因ではない。なぜなら，無生物でも「ニ」格名詞句に用いられて，適格となる次のような例があるからである。

(17) a. 沖縄の子供たちは，毎日毎日飛行機に飛ばれて，先生の声がよく聞こえない状態で勉強しているんです

　　　　よ。
　b.　こんなに日照りに続かれては，田んぼが干上がっちまうよ。
(18) a.　今年もまた春先に杉花粉に飛ばれ，鼻がむずむずしてしょうがない。
　b.　二日続きの雨で，綺麗だった桜の花にもすっかり散られてしまい，お花見に行けなくなってしまった。

(17a, b)，(18a, b) の「ニ」格名詞句は，「飛行機，日照り，杉花粉，桜の花」で，いずれも無生物であるが，これらの間接受身文はすべて適格である。ここで，(17a, b) では，飛行機や日照りは確かに無生物ではあるが，飛行機はパイロットが飛ばしており，日照りは太陽という自然の力が関わっているので，純粋な無生物とは言えないと考えられるかも知れない。同様に，(1g) の「急に雨に降られた」でも，雨は無生物であるが，雨は自らの力で降るため，純粋な無生物とは言えないと考えられるかも知れない。しかし，そのように考えても，(18a, b) では，杉花粉が飛んだり，桜の花が散るのは，杉花粉や桜の花が自らの力で行うことではないので，これらは純粋な無生物である。したがって，無生物は「ニ」格名詞句になれないという (14b) の回答も妥当でないことが分かる。

3.3.　意図的行為か非意図的事象か？

　次に (14c) の回答は，意図的行為は間接受身文になるが，非意図的事象はならないと想定している。実は，これと同様の仮定を三上章はすでに 1953 年に行っている。三上 (1972: 第 2 章 4 節)（1953 年版の復刊）は，日本語の受身形が可能な動詞を「能動詞」，受身形が不可能な動詞を「所動詞」として区別した。三上

によれば,能動詞とは,有情(人間・鳥獣虫魚など感情をもつ生き物)で,動的な「みづから然する」動詞,および「ものを然する」動詞であり,所動詞は,非情(感情・意識をもたない山川草木など)で,静的な「おのづから然る」動詞である。これを現代的な言い方と対応させると次のようになる。

(19)

三上の動詞分類		現在の動詞分類	例
能動詞	ものを然する動詞	他動詞	書く,叩く
	みづから然する動詞	非能格動詞(自動詞)	走る,泳ぐ
所動詞	おのづから然る動詞	非対格動詞(自動詞)	散る,凍る

三上の能動詞の一つ,有情で動的な「ものを然する」動詞は,(目的語をとる)他動詞であり,もう一つの能動詞,有情で動的な「みづから然する」動詞は,意図的に事象に関わる「動作主／行為者」を主語にとる自動詞(このタイプの自動詞を「非能格動詞」という)である。一方,三上の所動詞は,意図を持たずに受動的に事象に関わる「対象」を主語にとる自動詞(このタイプの自動詞を「非対格動詞」という)である(「非能格動詞」と「非対格動詞」の区別は,Perlmutter (1978) により提唱されたものである)。したがって,三上の主張を現代的な言い方に直し,間接受身文に限って言えば,他動詞と主語指示物の意図的な行為を表す自動詞(非能格動詞)は間接受身文になるが,主語指示物の非意図的事象を表す自動詞(非対格動詞)はならないということになり,(14c) の回答とほぼ同様の主張をしていることが分かる。

さて,この三上の主張や (14c) の回答も,(14b) の回答と同様に,重要な要因の一つではあると考えられるが,間接受身文の適

格性を決定づける要因ではない。なぜなら，主語指示物の非意図的事象を表す自動詞（非対格動詞）が用いられても，次のように適格な例があるからである。

(20) a. 山田さんは<u>最愛の娘さん</u>に<u>先立たれ</u>，ずっと辛い思いをしている。

b. <u>従業員に倒れられ</u>，仕事の手が足りない。

(21) a. <u>桜島にまた噴火され</u>，地元の住民はとても困っている。

b. 二日続きの雨で，綺麗だった<u>桜の花にもすっかり散られて</u>しまい，お花見に行けなくなってしまった。
(= (18b))

(20a, b) の「娘さんが<u>先立つ</u>」，「従業員が（過労などで）<u>倒れる</u>」という事象も，(21a, b) の「桜島が<u>噴火する</u>」，「桜の花が<u>散る</u>」も，すべて主語指示物の非意図的事象であるが，これらの文はすべて適格である（さらに，(17b)，(18a)，(1g) も参照）。さらに，(1e) の「大関に序盤から星を落とされると，(相撲は) つまらないからね」では，「(星を) 落とす」が他動詞であるが，この事象は大関の非意図的事象である。しかし，それにもかかわらず，この間接受身文は適格である。よって，以上の議論から，主語指示物の意図的行為か非意図的事象かという違いも，間接受身文の適格性を決定づけるものではないことが分かる。

4. 間接受身文の基本的機能[1]

それでは，間接受身文の適格性を決定づけている要因は一体何

---

[1] 本章で提示する以下の分析は，高見・久野 (2002: 第 5 章) に基づいている。

なのだろうか。この問題を考える前に、まず、私たちはなぜ、ある事象を能動文を用いてストレートに表現しないで、間接受身文を用いて表現するのかを考えてみよう。間接受身文には、能動文とは異なるどのような機能や働きがあるのだろうか。この問題を考えるために、次の能動文と間接受身文を比べてみよう。

(22) a. 2階の人が夜遅くまで麻雀をした。
　　 b. <u>2階の人に</u>夜遅くまで<u>麻雀をされた</u>。
(23) a. 学生が授業中ペチャクチャしゃべり、授業がうまく進まなかった。
　　 b. <u>学生に</u>授業中ペチャクチャ<u>しゃべられ</u>、授業がうまく進まなかった。

(a)の能動文では、話し手が起こった出来事を客観的に描写しているのに対し、(b)の間接受身文では、主語の話し手が、その出来事により被害や迷惑を被ったという意味合いが強く示されている（第1節参照）。そして話し手は、自分の被った被害や迷惑が「ニ」格名詞句の指示物のせいであると考えていることが分かる。(22b) では、2階の人が夜遅くまで麻雀をしたことで、話し手が、たとえばやかましくて寝られなかったというような、被害や迷惑を被ったことが示されており、話し手はその被害・迷惑を2階の人のせいだと考えている。同様に (23b) でも、話し手は、学生が授業中にペチャクチャしゃべったことで被害・迷惑を被っており、その被害・迷惑が学生たちのせいだと考えている。つまり、話し手が (a) のような能動文を用いず、(b) のような間接受身文を用いるのは、客観的描写の能動文では得られにくい被害・迷惑の意味と、その責任の所在を示すためであると言える。

　ここで、(22)、(23) では、夜遅くまで麻雀をしたり、授業中にペチャクチャしゃべること自体が、私たちの社会ではよくない

事象であるために，間接受身文で主語が被害や迷惑を被っていることが示されると考えられるかも知れない。しかし，社会習慣上，好ましくて喜ばしい事象でも，間接受身文で表現されると，主語がその事象によって被害や迷惑を被っているという意味合いが強く出てくる。次の例を見てみよう。

(24) a. 母が部屋を掃除した。
　　 b. 私は，母に部屋を掃除された。
(25) a. 息子が運動会の徒競走で一等をとった。
　　 b. 私は，息子に運動会の徒競走で一等をとられた。

母が部屋を掃除したり，子供が運動会の徒競走で一等をとるのは，話し手にとって通例，好ましくて喜ばしい，利益になる事象である。それにもかかわらず，これらの事象が (24b), (25b) のように間接受身文で表現されると，母親が部屋を掃除したり，子供が徒競走で一等をとったことで，話し手が何らかの被害や迷惑を被ったということが如実に示される。そのためこれらの文は，たとえば次のような文脈で用いられると，より自然になる。

(26) a. 私は，大事な書類を部屋のあちこちに広げていたのに，母に部屋を勝手に掃除されて，困ってしまった。
　　 b. 私は，息子に運動会の徒競走で一等をとられ，約束どおり，オモチャを買ってやらなければならなくなった。

そして，(26a, b)（や (24b), (25b)）では，話し手が被った被害・迷惑が「母」や「息子」のせいだと考えていることが分かる。

以上の考察から，間接受身文の基本的機能を次のように規定することができる。

(27) 間接受身文の基本的機能:
　　　間接受身文の基本的機能は，主語指示物が当該の事象により被害・迷惑を被っており，それが「ニ」格名詞句の指示物のせいであると考えていることを示すことである。

5. 間接受身文の基本的機能を満たす諸要因

5.1. 被害・迷惑の責任付与に関わる二つの要因

　さて，間接受身文の基本的機能——(i) 主語指示物が当該の事象により被害・迷惑を被っており，(ii) その被害・迷惑が「ニ」格名詞句の指示物のせいである，という2点を示すこと——を満たすためには，いくつかの要因が関わっていると考えられる。まず，(ii) を満たすためには，二つの要因が関わっている。ひとつは，「ニ」格名詞句の指示物が，人間か無生物かであり，もうひとつは，当該の事象が，「ニ」格名詞句の指示物自らが引き起こす事象であるかどうかである。以下，この二つを順に見ていこう。

　人は，何か迷惑を被った際，その迷惑を他人のせいだと考えるのは一般的であるが，無生物のせいだと考えることは少ない。なぜなら，私たち人間は，日常生活において周りの人々とは密接なつながりや関わりを持っており，ある人が行う行為が別の人にさまざまな影響を及ぼし得るのに対し，無生物とはそれほど密接なつながりや関わりを持たず，無生物が私たちに何かを行うことはあまりないためである。また，人間の場合と異なり，無生物に責任を求めても，その責任を無生物がとってくれるわけではないため，そのようなことをしても無意味である。

　このような観点から間接受身文を考えると，「ニ」格名詞句

は，人間（や動物）の場合がほとんどで，無生物の場合は不適格になる場合が多いことに気づく。次の例を見てみよう。

(28) a. あー，お父さんに先にトイレに入られちゃったよ。(＝(1a))
　　 b. 妻に実家に帰られて，一人なんです。(＝(1d))
　　 c. 隣の猫に夜通し鳴かれ，よく寝られなかった。
(29) a. *うどんを食べようとしたら，メガネに曇られて，辺りが見えなかった。(＝(11b))
　　 b. *みかんに腐られて，食べられなかった。(＝(13b))

ただ，無生物の場合でも，「雨，日照り，火山」のような自然の力を持つものは，すでに観察したように，間接受身文になる。

(30) a. 僕は帰り道，雨に降られて，びしょぬれになった。
　　 b. こんなに日照りに続かれては，田んぼが干上がっちまうよ。(＝(17b))
　　 c. 桜島にまた噴火され，地元の住民はとても困っている。(＝(21a))

この点は，雨や日照りなどが自然の力を持っており，その力でわれわれに何かを行い，影響を与えるために，迷惑の責任をそれらに求めることは，自らの力を持たず，われわれに何も行わない無生物に責任を求めるよりも妥当なためである。したがって，同じ無生物でも，自然の力を持つものと，自らの力を持たない無生物とは区別しなければならない。

ここで，自らの力を持たない無生物に関して，(10)–(13)の「電球，メガネ，シャツ，みかん」のような純粋な無生物と，たとえば「エアコン，電車，パソコン，テレビ」のような（精密な）機械類を区別する必要があると考えられる。機械類は，純粋な無

生物と違って，人がスイッチを入れて作動させれば，その後はずっと動いて機能する。そのため，あたかも自らの力を持っているかのように考えることができ，次のような文は，純粋な無生物が「ニ」格名詞句である (29a, b) より適格性が高い。

(31) a. エアコンに故障されて，暑くてかなわなかった。
  b. (?)卒論の大事な時期にパソコンに壊れられて，困ってしまった。

以上の考察から，「ニ」格名詞句は，間接受身文になりやすいものからなりにくいものへと，一種の階層関係をなしていることが分かる。その階層関係を便宜上，点数化して次のように示そう。

(32) 「ニ」格名詞句になりやすさの階層：
  人が被った迷惑を何のせいにするかに関して次の階層があり，その階層の左側の要素ほど「ニ」格名詞句になりやすい。

  人間　＞　動物　＞　自然の力・機械類　＞　無生物
  　2　　　　1　　　　　　0　　　　　　　　　−1

人は，自分が受けた迷惑を人のせいにするのが最も一般的であり，その次に動物であるため，それぞれを2点と1点にする。自然の力と機械類は，私たちにさまざまな影響を与え，間接受身文になるものの，その迷惑をそれらのせいにすることは，人間や動物の場合ほど一般的ではないので，これらを0点とする。そして，無生物の場合を−1点とする。以下，(32) の「『ニ』格名詞句になりやすさの階層」を簡略化して，「人間度の階層」と呼ぼう。

次に，二つ目の要因——間接受身文で記述される事象が，「ニ」格名詞句の指示物自らが引き起こす事象であるかどうか——につ

いて考えてみよう。人は，ある出来事で迷惑を被り，その迷惑がある人のせいだと考える場合，その人がその出来事を自分で引き起こしておれば，その人に迷惑の責任を帰することができる。しかし，その人がその出来事を自分ではやっておらず，何ら関わっていなければ，その人に迷惑の責任を負わしたりは普通しない。言い換えると，相手が意図的に行った事象で迷惑を被った場合は，その責任を相手に問えるが，相手が非意図的に陥った事象で迷惑を被った場合は，その責任を相手に負わせることは普通はしない。

　この点を考慮に入れて間接受身文を考えると，次の (33), (34) はいずれも適格であるが，「ニ」格名詞句の指示物が自らの力で意図的に引き起こした事象が述べられた (33a, b) のほうが，外的な要因により引き起こされた事象が述べられた (34a, b) よりも，典型的な間接受身文で，より自然に感じられることが理解できる。

(33) a. 2階の人に夜遅くまで麻雀をされた。(= (22b))
　　 b. 学生に授業中ペチャクチャしゃべられ，授業がうまく進まなかった。(= (23b))
(34) a. 店長は，年末セールなのに，従業員に倒れられた。(cf. (33a))
　　 b. 娘に二十歳になられ，着物を作らされた。(cf. (33b))

(33a, b) で，2階の人が麻雀をしたり，学生がペチャクチャしゃべるのは，その人たちが自ら行う意図的行為であるが，(34a, b) で，従業員が倒れたり，娘が二十歳になるのは，その人たちが自らの力で引き起こす事象ではなく，過労や歳月の経過などの外的要因が引き起こす事象である。

　次の文でも，当該の事象が外的要因により引き起こされてお

り，それがこれらの文の不適格性の一因であると考えられる。

(35) a. *みかんに腐られて，食べられなかった。(= (13b))
   b. *スープに冷められて，飲んだがまずかった。
(36) a. *大切にしていた皿に割られて，残念に思っている。
   b. *パンに焦げられて，もう食べられなかった。

(35a, b) で，みかんが腐ったり，スープが冷めるのは，みかんやスープ自らが引き起こす事象ではなく，月日や時間の経過など，無生物の外的要因が引き起こす事象である。一方 (36a, b) の皿が割れたり，パンが焦げたりするのも，皿やパン自らが引き起こす事象ではなく，外的要因が引き起こす事象であるが，この場合は，その外的要因が人間である。(36a) で，皿は人が手を滑らせたり，他の食器と当てたりして割れるもので，ある一定期間使用すれば割れるというものではない。また (36b) で，パンが焦げるのは，人がトースターなどにパンを長く入れ過ぎた結果であり，人間が外的要因として関わっている。

ここで注意すべきことは，人間が外的要因として関わる (36a, b) のほうが，無生物が外的要因として関わる (35a, b) より，適格性が低いという点である。これは，人間がある事象を引き起こし，その結果，ある人が迷惑を被る場合は，次のように，その人間を「ニ」格名詞句にしてその責任をその人に帰せばいいのに，その人間をわざわざ伏せて，無生物を「ニ」格名詞句にし，被った迷惑の責任をその無生物に帰することに矛盾があるためだと考えられる。

(37) a. 子供に大切にしていた皿を割られ，残念に思っている。
   b. 娘にパンを焦がされて，もう食べられなかった。

以上の考察から，間接受身文になりやすい事象に関して，次のような階層があることが分かり，便宜上，それらの事象をここでも点数化して示そう。

(38)　間接受身文になりやすい事象の階層:
　　　間接受身文になりやすい事象に関して次のような階層があり，その階層の左側の要素ほど，間接受身文になりやすい。
　　　「ニ」格名詞句　　＞　外的要因(無生物)　＞　外的要因(人間)
　　　自らが引き起こ　　　　が引き起こす事象　　　が引き起こす
　　　す事象　　　　　　　　　　　　　　　　　　　事象
　　　　　　1　　　　　　　　　　0　　　　　　　　－2

「ニ」格名詞句自らが意図的に行った事象により迷惑を被った場合は，その名詞句指示物に迷惑の責任を帰することができるため，1点を与える。それに対し，「ニ」格名詞句ではなく，無生物などの外的要因が迷惑となる事象を引き起こす場合は，その迷惑の責任を「ニ」格名詞句に帰するのは妥当でないため，0点とする。さらに，迷惑となる事象を人間が引き起こしておれば，その人を「ニ」格名詞句にしてその責任を求めるべきなのに，無生物を「ニ」格名詞句にして，その無生物に責任を帰するのは矛盾しているため，ペナルティを厳しくして，－2点を与えることにする。以下，(38)の「間接受身文になりやすい事象の階層」を簡略化して，「自力度の階層」と呼ぼう。

5.2.　被害・迷惑の意味
　5.1節では，間接受身文の二つの基本的機能——(i) 主語指示物が当該の事象により被害・迷惑を被っており，(ii) その被害・迷惑が「ニ」格名詞句の指示物のせいである，という点を示すこと

――のうち，(ii) を満たすための二つの要因，すなわち，人間度の階層と自力度の階層を考察した。本節では，(i) を満たすための要因を考える。(i) が示すように，私たちが間接受身文を用いるのは，主語指示物が当該の事象により被害・迷惑を被っていることを示すためなので，聞き手がそれを容易に理解できるようにしなければならない。この点を踏まえて，次の例を見てみよう（√ は，無印と同様，その文が適格であることを示す）。

(39) a. ??/*花子に CD をかけられた。
　　 b. √/?花子に CD を大きな音でかけられた。
　　 c. 　勉強していたのに，花子に CD をがんがんかけられた。

(39a) が，何の文脈もなく唐突に発話されると，極めて不自然であるが，それは，花子が CD をかけたことで，話し手がどのような迷惑を被っているのかまったく不明であるためだと考えられる。それに対して，(39b) のように「大きな音で」を挿入すると，花子が CD を大きな音でかけたことで，話し手が何らかの迷惑を被ったと推測される。つまり，(39b) の事象は，迷惑の意味を明示はしないまでも，含意はしているので，ほぼ適格になると考えられる。これに対し (39c) のように，「勉強していたのに」を挿入し，「大きな音で」を「がんがん」にすると，花子の行動が話し手の迷惑になったことが一目瞭然で，明示され，この文は適格となる。

(39a-c) では，受身形態素「られ」が現れる節のところまでで，主語指示物に対する迷惑の意味が示されているかどうかを考えたが，迷惑の意味は，「られ」が現れる節の後に追加的に示される場合も多い。実際，これまで観察してきた例文のほとんどは，次のように，「～られた」で言い切りとならず，その後に何らかの

迷惑を明示する表現を伴っている。

(1) e. 大関に序盤から星を落とされると、(相撲は)つまらないからね。

(15) a. 2階の人に午後ずっとピアノを弾かれ、うるさかった。

(18) a. 今年もまた春先に杉花粉に飛ばれ、鼻がむずむずしてしょうがない。

この点を踏まえて、次の例を見てみよう。

(40) a. √/?学生に廊下を走られた。
　　 b. 　学生に廊下を走られると、研究の邪魔になる。
(41) a. 　*花子に歌を歌われた。
　　 b. 　花子に歌を歌われると、誰もがうんざりする。

廊下を走るのは、一般によくないことなので、(40a)では、学生が廊下を走ったことが話し手の迷惑になったと推測され、迷惑を含意はするが、この文だけでは迷惑の意味を明示はしない。それに対し、人が歌を歌うのは普通のことで、(41a)では、花子が歌を歌ったことが話し手のどのような迷惑になったか不明である。そしてこれらの点は、(40b)、(41b)でも、「られ」が現れる節のところまでは同じである。しかし、(40b)、(41b)が(40a)、(41a)よりはるかに適格性が高いと判断されるのは、その後で、「研究の邪魔になる」や「誰もがうんざりする」という迷惑を表す表現が追加されているためだと考えられる。

　以上の考察から、間接受身文が適格となるには、主語指示物に対する迷惑の意味が示されなければならず、この迷惑の意味は、「られ」が現れる節のところまでの文脈と、その後に現れる文脈の両方で示されることが分かった。適格な間接受身文の多くは、

この両方で迷惑の意味を明示している。次の例を見てみよう。

(42) a. ??/*学生にしゃべられた。
   b.　　学生に授業中ペチャクチャしゃべられ，授業がうまく進まなかった。(= (23b))
(43) a. ??/*隣の猫に鳴かれた。
   b.　　隣の猫に夜通し鳴かれ，よく寝られなかった。(= (28c))

(42a)，(43a) では，文末の「られた」までで迷惑の意味が示されておらず，また，その後に続く文脈もない。これに対し (42b)，(43b) では，「られ」に先行する文脈と後続する文脈の両方で，迷惑の意味が示されている。

さて，「られ」までで示される迷惑の意味と，それに後続する要素によって示される迷惑の意味とでは，どちらのほうが，間接受身文の適格性により大きな役割を果たすのだろうか。それは，間接受身文が次のように，必ずしも後続要素を必要としない点から考えても，「られ」が現れる節のところまでで示される迷惑の意味のほうが重要であり，後続文脈で示される迷惑の意味は，間接受身文の適格性をさらに補強する役割を果たしていると考えられる ((1a, g)，(22b)，(39c) も参照)。

(44) a.　　2階の人に昨夜は一晩中騒がれた。
   b.　　授業中に学生に次から次へと出て行かれた。
   c.　　山から下りて来たイノシシに農作物を食べられた。

以上の考察から，迷惑の意味に関して次の二つの階層を設けることができ，ここでもそれらを点数化して示そう。

(45) 「られ」の先行文脈で示される迷惑の階層:
受身形態素「られ」が現れる節のところまでの記述が,主語指示物に対する迷惑を表すかどうかに関して,次の階層がある。

　　　　明示　＞　含意　＞　なし
　　　　 2　　　　 0　　　 −2

(46) 「られ」の後続文脈で示される迷惑の階層:
受身形態素「られ」が現れる節に続く記述が,主語指示物に対する迷惑を表すかどうかに関して,次の階層がある。

　　　　明示　＞　なし
　　　　 1　　　 −1

上で考察したように,「られ」の先行文脈で示される迷惑の意味のほうが,後続文脈で示される迷惑の意味より,間接受身文の適格性に大きな役割を果たしていると考えられるため,(45) の「明示」の場合を 2 点とし,(46) の「明示」の場合は 1 点とする。そして,明示されない場合を,それぞれ −2 点と −1 点とする。さらに (45) では,「られ」の先行文脈で迷惑の意味が含意のみされる場合 ((39b) 参照) は,2 点と −2 点の中間として,0 点を与える。以下,(45),(46) の階層を簡略化して,それぞれ「先行迷惑度の階層」,「後続迷惑度の階層」と呼ぼう。

6. 間接受身文の数値分析

前節では,間接受身文の基本的機能を満たすための四つの要因,すなわち,人間度の階層,自力度の階層,先行迷惑度の階層,後続迷惑度の階層を考察した。間接受身文の適格性は,これら四

つの要因の相互作用によって捉えられると考えられ，本節ではこの点を明らかにしたい。

まず最初に，次のような典型的な間接受身文から考えてみよう。以下の表記で，「人間度の階層」等は，単に「人間度」と略記する。

(16) b. 地域の人たちは，毎晩暴走族にオートバイで走られ，ずっと迷惑している。

(23) b. 学生に授業中ペチャクチャしゃべられ，授業がうまく進まなかった。

人間度：	2	（人間）
自力度：	1	（自力）
先行迷惑度：	2	（明示）
後続迷惑度：	1	（明示）

得点　　　　　6　［適格］

上の2文は，「ニ」格名詞句が人間なので2点，述べられた事象が，暴走族や学生自らが引き起こす事象なので1点，そして「られ」の前後で迷惑の意味が明示されているので，それぞれ2点と1点を得る。その結果，これら2文は合計6点の最高点を得て，まったく適格な間接受身文となる。

上記の例とは対照的に，次のような間接受身文はまったく不適格であり，合計 −6 点の最低点となる。

(47) a. *太郎は成績に上がられた。
    b. *私は美味しいパンに焼けられた。
    c. *壺に床の間にあられた。

```
人間度:      −1   （無生物）
自力度:      −2   （外的要因──人間）
先行迷惑度:  −2   （なし）
後続迷惑度:  −1   （なし）

得点         −6   ［不適格］
```

(47a-c) では，「ニ」格名詞句の「成績，パン，壺」が無生物なので，人間度が−1点，成績が上がったり，パンが焼けたり，壺が床の間にあるのは，人間が外的要因となって引き起こしているので，自力度が−2点である。そして，主語指示物はこれらの事象で何の迷惑も被っていないので，先行迷惑度が−2点，「られ」の後続文脈はないので，後続迷惑度が−1点である。その結果，これらの文は，合計−6点の最低点で，はなはだしく不自然な間接受身文である。

上で見たように，本章の数値分析では，上限が6点で，下限が−6点となり，前者が最も典型的で自然な間接受身文，後者が最も不自然で不適格な間接受身文となる。これら上限と下限の点数の間にさまざまな間接受身文が位置することになるが，適格と判断される間接受身文の境界は何点ぐらいであるのか，以下で見てみよう。

次の間接受身文は，「ニ」格名詞句が人間ではなく動物であるという点を除けば，(16b), (23b) と同様で，合計5点になる。

(48) a. 隣の猫に夜通し鳴かれ，よく寝られなかった。（= (28c)）

b. 山から下りて来たイノシシに農作物を食べられてしまい，途方に暮れている。(cf. (44c))

```
人間度:     1    (動物)
自力度:     1    (自力)
先行迷惑度:  2    (明示)
後続迷惑度:  1    (明示)
```

得点   5   ［適格］

これに対し次の文は,「ニ」格名詞句が人間であるが, 述べられた事象が「ニ」格名詞句の指示物によって引き起こされたものではなく, 病気や過労など, 無生物の外的要因によって引き起こされたものであり, 自力度が0点で, 合計5点となる。

(20) a. 山田さんは最愛の娘さんに先立たれ, ずっと辛い思いをしている。

b. 従業員に倒れられ, 仕事の手が足りない。

```
人間度:     2    (人間)
自力度:     0    (外的要因――無生物)
先行迷惑度:  2    (明示)
後続迷惑度:  1    (明示)
```

得点   5   ［適格］

次に, 先行迷惑度に関して, 以下の例文を見てみよう。

(39) a. ??/*花子に CD をかけられた。
　　　　［2, 1, －2, －1⇒0点］
b. √/?花子に CD を大きな音でかけられた。
　　　　［2, 1, 0, －1⇒2点］

c.　勉強していたのに，花子に CD をがんがんかけられた。
　　　　［2，1，2，－1⇒4点］

(49) a.　＊池の魚にはねられた。
　　　　［1，1，－2，－1⇒－1点］
　　b.　√/?魚を料理しようとしたら，はねられた。
　　　　［1，1，0，－1⇒1点］
　　c.　魚を料理しようとしたら，突然ぴしゃっとはねられた。
　　　　［1，1，2，－1⇒3点］

(39a–c), (49a–c) では，(a) から (c) へ行くにつれて適格性が高くなるが，この事実は，「られ」の先行迷惑度に依存している。(39a), (49a) では，花子が CD をかけたり，池の魚がはねても，それによって話し手がどのような迷惑を被ったかはまったく不明なので，先行迷惑度は－2点である。一方，(39b), (49b) では，花子が CD を大きな音でかけたり，料理をしようとしたときに魚がはねたりすれば，話し手に何らかの迷惑が及んだことが含意はされるため，先行迷惑度は 0 点となる。さらに (39c), (49c) では，花子が CD を話し手の勉強中にがんがんかけたり，料理をしようとしたときに魚が突然ぴしゃっとはねれば，話し手に被害・迷惑が及んだことが容易に理解でき，先行迷惑度は 2 点となる。これらの文では，後続文脈がないため，後続迷惑度は－1点である。さらに (39) で，花子が CD をかけるのは，花子が「自ら引き起こす事象」なので，人間度は 2 点，自力度は 1 点である。よって，合計で (39a) は 0 点，(39b) は 2 点，(39c) は 4 点となる。また (49) で，魚がはねるのは，「動物」の「自ら引き起こす事象」なので，人間度は 1 点，自力度も 1 点である。よっ

て,合計で (49a) は −1 点,(49b) は 1 点,(49c) は 3 点となる。したがって,これまで考察した例文の点数とも考え合わせると,(39a), (49a) は 0 点と −1 点のため,適格と判断される境界線より下にあり不適格,一方,(39c) と (49c) は 4 点と 3 点のため,その境界線より上にあり適格となる。そして,(39b) と (49b) が 2 点と 1 点でほぼ適格か若干不自然であることから,適格と判断される境界線が 1 点であることが分かる。

次のような文の対比では,後続迷惑度が重要な働きをしている。

(40) a. √/?学生に廊下を走られた。

人間度:　　　　2　（人間）
自力度:　　　　1　（自力）
先行迷惑度:　　0　（含意）
後続迷惑度:　 −1　（なし）

得点　　　　　2　［(ほぼ) 適格］

b.　　学生に廊下を走られると,研究の邪魔になる。

人間度:　　　　2　（人間）
自力度:　　　　1　（自力）
先行迷惑度:　　0　（含意）
後続迷惑度:　　1　（明示）

得点　　　　　4　［適格］

(41) a. *花子に歌を歌われた。

　　　　人間度：　　　　2　（人間）
　　　　自力度：　　　　1　（自力）
　　　　先行迷惑度：　－2　（なし）
　　　　後続迷惑度：　－1　（なし）

　　　　得点　　　　　　0　［不適格］

b. 花子に歌を歌われると，誰もがうんざりする。

　　　　人間度：　　　　2　（人間）
　　　　自力度：　　　　1　（自力）
　　　　先行迷惑度：　－2　（なし）
　　　　後続迷惑度：　　1　（明示）

　　　　得点　　　　　　2　［適格］

(40a)の「学生に廊下を走られた」は，廊下を走ることが一般によくないことなので，話し手がこの事象により迷惑を受けたことが含意されるが，明示はされていないので，若干「舌足らず」という感じがするが，合計2点で，(ほぼ)適格と判断される。一方(40b)では，後続文脈で「研究の邪魔になる」が追加され，迷惑の意味が明示されて，合計4点となり，適格性が高くなる。同様のことが(41a, b)についても言え，(41a)では，迷惑の意味が「られ」の前後でまったく示されておらず，合計0点で不適格であるが，(41b)では，「られ」の後続文脈で迷惑の意味が明示され，合計2点となり適格である。

ここで，(40a)の「√/? 学生に廊下を走られた」と，(41b)の

「花子に歌を歌われると，誰もがうんざりする」がともに2点であるが，後者のほうがより適格性が高いと判断される。これは，後続迷惑度が適格性に大きな貢献をしていることを示している。したがって，後続迷惑度の点数をより高くしたほうがいいのかも知れないが，その結果，点数の幅が広がり，複雑になると考えられるので，このままの形で議論を進めることにする。

次に，自然の力が関与する次の文を考えてみよう。

(30) a. 僕は帰り道，雨に降られて，びしょぬれになった。
 b. こんなに日照りに続かれては，田んぼが干上がっちまうよ。
 c. 桜島にまた噴火され，地元の住民はとても困っている。

人間度：	0	（自然の力）
自力度：	1	（自力）
先行迷惑度：	2	（明示）
後続迷惑度：	1	（明示）

得点　　　　4　［適格］

(30a-c) では，「ニ」格名詞句が自然の力なので，人間度が0点，述べられた事象が，雨，日照り（太陽），桜島の自らが引き起こす事象なので，自力度が1点，そして，述べられた事象により，主語指示物が迷惑を被っていることが容易に理解され，その迷惑が「られ」の後続文脈で明示されているので，先行迷惑度と後続迷惑度がそれぞれ2点と1点になる。その結果，合計で4点を得て，これらの文は適格となる。

次に，機械類が関与する次の文を見てみよう。

(31) a.　エアコンに故障されて，暑くてかなわなかった。
　　　b.(?)卒論の大事な時期にパソコンに壊れられて，困ってしまった。

　　　　　　人間度：　　　　　0　（機械類）
　　　　　　自力度：　　　　　0　（外的要因──無生物）
　　　　　　先行迷惑度：　　　2　（明示）
　　　　　　後続迷惑度：　　　1　（明示）

　　　　　　得点　　　　　　　3　［適格］

(31a, b) は，(30a-c) とほぼ同じであるが，自力度のみ違って0点となる。これは，エアコンが故障したり，パソコンが壊れるのは，外的要因が原因で起こるためである。よって (31a, b) は合計3点となり，適格である。

次に，「ニ」格名詞句が無生物の場合を考えてみよう。

(50) a. ＊季節に冬になられ，寒くてしょうがない。
　　　　［－1，0，－2，1⇒－2点］不適格
　　b. ＊風呂場の電球に切れられて，昨夜は風呂に入れなかった。(＝(10b))
　　　　［－1，0，0，1⇒0点］不適格
　　c. ＊大切にしていた皿に割られて，残念に思っている。
　　　　(＝(36a))
　　　　［－1，－2，2，1⇒0点］不適格

(50a) では，季節が冬になったことで，話し手がどのような迷惑を被ったか不明なので，先行迷惑度は－2点，しかし，後続文脈の「寒くてしょうがない」がその迷惑を示しているので，後続迷惑度が1点となる。そしてこの文は，人間度－1点，自力度0

点と合わせ，合計 −2 点で不適格である。一方 (50b) では，風呂場の電球が切れたことで，話し手が何らかの迷惑を被っていると推測されるので，先行迷惑度が 0 点で，他は (50a) と同じである。よってこの文は合計 0 点で，やはり不適格である。これに対して (50c) では，大切にしていた皿が割れたことで，話し手が迷惑を被っていることが明らかであり，その点が後続文脈の「残念に思っている」で示されているので，先行迷惑度が 2 点，後続迷惑度が 1 点である。しかし，皿が割れるのは，(36a) で見たように，人間が外的要因なので，自力度が −2 点，そして人間度の −1 点と合わせ，この文は合計 0 点で，依然として不適格である。

ここで，無生物が関与する適格文を見てみよう。

(18) a. 今年もまた春先に杉花粉に飛ばれ，鼻がむずむずしてしょうがない。
   b. 二日続きの雨で，綺麗だった桜の花にもすっかり散られてしまい，お花見に行けなくなってしまった。

人間度：　　　 −1　（無生物）
自力度：　　　　0　（外的要因——無生物）
先行迷惑度：　　2　（明示）
後続迷惑度：　　1　（明示）

得点　　　　　 2　［(ほぼ) 適格］

(18a) では，杉花粉が今年もまた飛ぶことで，（花粉症の）話し手に迷惑が及ぶことが明らかであり，(18b) でも，綺麗だった桜の花がすっかり散ったことで，話し手に迷惑が及んでいることが分かる。また，その迷惑の意味が，「散られてしまい」で強められ

ている（(48b) も参照）。よって，先行迷惑度が2点となり，これらの文は合計で2点となり，(ほぼ)適格となる。

　次のような例では，迷惑の意味が「られ」の先行文脈でも後続文脈でも示されていないため，(50a) より適格性がさらに落ちる。

(51) a. *季節に冬になられた。
　　　　　［−1，0，−2，−1 ⇒ −4点］不適格
　　　b. *庭いっぱい，パンジーに咲かれた。
　　　　　［−1，1，−2，−1 ⇒ −3点］不適格

(51a, b) では，季節が冬になったり，パンジーが庭いっぱい咲いたことで，話し手がどのような迷惑を被ったか不明であり，「られ」の後続文脈もない。よって，先行迷惑度と後続迷惑度は，どちらの文でも −2点と −1点である。両者の違いは自力度で，季節が冬になるのは，月日の経過が外的要因であるが，パンジーが咲くのは，パンジー自らの力でなされることである。よって，自力度が前者は0点，後者は1点である。そして合計で，(51a) は −4点，(51b) は −3点で，ともに不適格である。

　次の文を (51b) と比べてみよう。

(52)　庭いっぱい，背高泡立草に咲かれて，また花粉症が再発してしまった。

　　　人間度：　　　−1　（無生物）
　　　自力度：　　　 1　（自力）
　　　先行迷惑度：　 2　（明示）
　　　後続迷惑度：　 1　（明示）

　　　得点　　　　　 3　［適格］

背高泡立草の花粉はアレルギーの原因となるので，この花が庭いっぱい咲いたことで，話し手が迷惑していることが分かり，その迷惑が「また花粉症が再発してしまった」で示されている。よって (52) は，(51b) と異なり，先行迷惑度，後続迷惑度が2点，1点となり，合計3点で適格である。

本節でこれまで考察した内容を，代表的な例文とともにまとめてみよう。

(53)

得　点	例　　文
6 [適格]	地域の人たちは，毎晩暴走族にオートバイで走られ，ずっと迷惑している。(=(16b))
5 [適格]	山田さんは最愛の娘さんに先立たれ，ずっと辛い思いをしている。(=(20a))
4 [適格]	勉強していたのに，花子にCDをがんがんかけられた。(=(39c))
3 [適格]	庭いっぱい，背高泡立草に咲かれて，また花粉症が再発してしまった。(=(52))
2 [(ほぼ)適格]	√/?花子にCDを大きな音でかけられた。(=(39b)) 　花子に歌を歌われると，誰もがうんざりする。(=(41b))
1 [(ほぼ)適格]	√/?魚を料理しようとしたら，はねられた。(=(49b))
0 [不適格]	＊花子に歌を歌われた。(=(41a)) ??/＊花子にCDをかけられた。(=(39a))

−1 [不適格]	*池の魚にはねられた。(= (49a))
−2 [不適格]	*季節に冬になられ，寒くてしょうがない。(= (50a))
−3 [不適格]	*庭いっぱい，パンジーに咲かれた。(= (51b))
−4 [不適格]	*季節に冬になられた。(= (51a))
−6 [不適格]	*太郎は成績に上がられた。(= (47a)) *私は美味しいパンに焼けられた。(= (47b))

　上記の表から明らかなように，3点以上の文は適格となり，0点以下の文は不適格となる。その間に位置する2点と1点の文は，若干の不自然さを伴うものもあるが，ほぼ適格と判断され，1点が，適格な文と不適格な文との境界となっている。また，6点や5点の文は典型的な間接受身文であり，そのような文は，たとえば1点から3点のような文より適格性が高く，まったく自然な間接受身文である。よって，本章の分析は，間接受身文の適格性が連続体をなす，程度の問題であるという点を（ほぼ）的確に捉えることができると考えられる。

7.　結び

　本章では，日本語の間接受身文について考察し，その基本的機能が次の (27) であることを示した。

(27) 間接受身文の基本的機能:
間接受身文の基本的機能は，主語指示物が当該の事象により被害・迷惑を被っており，それが「ニ」格名詞句の指示物のせいであると考えていることを示すことである。

そして，間接受身文の適格性が，(27) から生じる四つの要因，つまり，(i)「ニ」格名詞句が人間，動物，自然の力・機械類，無生物のいずれであるか (人間度の階層) ((32))，(ii)「ニ」格名詞句の指示物が自ら引き起こす事象かどうか (自力度の階層) ((38))，(iii) 受身形態素「られ」が現れる節のところまでで，主語指示物に対する迷惑の意味が示されているかどうか (先行迷惑度の階層) ((45))，(iv)「られ」の後続文脈で主語指示物に対する迷惑の意味が示されているかどうか (後続迷惑度の階層) ((46))，の相互作用によって説明されることを示した。もちろん，実際の間接受身文の使用は，話し手と聞き手が共有したり，了解している事項が省略され，完全な形の文では言われない場合がある。また，ある特定の単語を用いれば，被害・迷惑の意味が強まったり，逆に弱まったりする場合もある。したがって，本章で示した数値分析は，このような事柄まで考慮し，さらに精緻にする必要があるが，それでも間接受身文の適格性が，単に適格か不適格かという現象ではなく，複数の要因に左右される，程度をなす現象であることは十分に示せたことと思われる。

最後に，本章の副題の文「*ローソクに燃えられた」(= (54a)) と，次の (54b) を考えてみよう ((54b) は真野泰氏に負っている)。

(54) a. *ローソクに燃えられた。

　　　人間度：　　　−1　（無生物）
　　　自力度：　　　−2　（外的要因──人間）
　　　先行迷惑度：　−2　（なし）
　　　後続迷惑度：　−1　（なし）

　　　得点　　　　　−6　［不適格］

　b. たき火にぼうぼうと燃え上がられて，恐くなった。

　　　人間度：　　　−1　（無生物）
　　　自力度：　　　 0　（外的要因──無生物）
　　　先行迷惑度：　 2　（明示）
　　　後続迷惑度：　 1　（明示）

　　　得点　　　　　 2　［(ほぼ)適格］

(54a) のローソクは無生物で，人間度が −1 点，ローソクが燃えるのは，誰か人間がローソクに火をつけた結果なので，自力度が −2 点である。そして，ローソクが燃えたことで，話し手がどのような迷惑を受けたのか不明なので，先行迷惑度，後続迷惑度がそれぞれ −2 点と −1 点である。その結果，(54a) は合計で −6 点の極めて不自然な文となる。それに対し (54b) では，たき火が燃え上がったのは，風など無生物によるもので，自力度が 0 点である。またこの文では，たき火がぼうぼうと燃え上がったことで，話し手に迷惑が及んだことが示され，その迷惑が「られ」の後続文で示されている。よって，先行迷惑度と後続迷惑度がそれぞれ 2 点と 1 点になる。その結果，(54b) は合計 2 点となり，典型的な間接受身文ではないものの，ほぼ適格な文と判断される。

第 3 章

英語の受身文
―― *Harry Potter* was read by John. とはなぜ言えないか ――

1. はじめに

私たちは中学や高校で，英語の受身文は次のように，能動文から (2a-c) の三つの操作を経て作られるということを繰り返し学んだ。

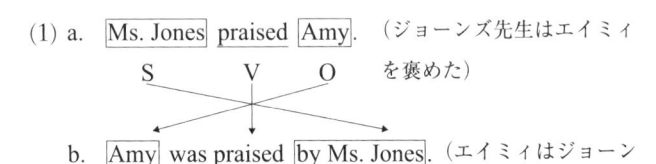

(1) a. Ms. Jones praised Amy.　（ジョーンズ先生はエイミィ
　　　　S　　　　V　　　O　　を褒めた）

　　b. Amy was praised by Ms. Jones.　（エイミィはジョーン
　　　　S　　V (be + 過去分詞)　　　　ズ先生に褒められた）

(2) a. 目的語 (O) を主語 (S) に → Amy ...

　　b. 主語 (S)（動作主／行為者）だったものに by をつけて，動詞の後ろに移動 → by Ms. Jones

　　c. 動詞を「be + 過去分詞」にし，主語の人称・数・時制に合わす → was praised

そして，与えられた能動文を受身文に書き換え，また逆に，与えられた受身文を能動文に書き換える練習を繰り返し行った。その結果，私たちは，能動文が与えられると即座にそれを受身文にできるようになり，受身文の形式がしっかりと定着した。

私は大学生のとき，アメリカの大学で少し学ぶ機会があり，「英語学入門」のコースを受講したが，その中で能動文を受身文に口頭で変換する練習があった。私は英語がうまく話せず，理解もおぼつかなかったが，その練習はいとも簡単であった。しかし，英語のネイティヴ・スピーカーである他の学生たちがその変換練習に戸惑い，うまく答えられない様子を見て，驚いたのを今もよく覚えている。

しかし，忘れてはならないことは，能動文とそれに対応する受

第 3 章 英語の受身文

身文は，同じ意味を伝達しているのではないということである。能動文と受身文が「書き換え」られるということで，私たちは両者の形式にばかり意識が向きがちであるが，日本語の受身文を考察した第 1 章で見たように，英語でも，受身文は，話し手がある事象の動作主ではなく，その動作・行為を受ける対象に自分の視点を寄せてその事象を述べる文である。したがって，(1a) の能動文 Ms. Jones praised Amy. は，話し手が主語（主題）のジョーンズ先生寄り（か中立）の視点から，ジョーンズ先生について述べた文なのに対し，(1b) の受身文 Amy was praised by Ms. Jones. は，話し手がエイミィ寄りの視点から，エイミィについて述べた文である。

次の二つの例は，どちらもインターネットからの実例であり，ロシアの首相プーチンがアメリカの大統領オバマ（の決断）を賞賛したことを述べているが，(3a) は，プーチンについての記述なので能動文が用いられ，(3b) は，アメリカの新聞 the Seattle Times からの引用で，オバマについての記述なので受身文が用いられている。

(3) a. **Russia's Prime Minister Vladimir Putin has praised President Obama's decision** to scrap plans for missile defence as a right and brave move. **Putin is also** urging the United States to scrap trade barriers.

(ロシアの首相ウラジーミル・プーチンは，ミサイル防衛計画を廃止するというオバマ大統領の決断を正しく勇敢なものとして賞賛した。プーチンはまた，アメリカに貿易の障壁も取り除くよう要請した)

b. **Obama also was praised by Russian Prime Minis-**

ter Vladimir Putin earlier this month for canceling parts of a missile defense system that Moscow had viewed as a threat to its security.

(オバマ大統領は，モスクワが国の安全にとって脅威と考えているミサイル防衛システムの一部を廃止するとしたことで，今月すでに，ロシアの首相ウラジーミル・プーチンからも賞賛されている)

したがって，(3a) の第 1 文の能動文を受身文に書き換えたり，(3b) の受身文を能動文に書き換えたりすることはできず，能動文と受身文はそれぞれの存在理由を持っている。そのため，上で触れたように，英語のネイティヴ・スピーカーである学生たちは，能動文と受身文があたかも同じ意味であるかのように見なして，文脈を取り除いた機械的な書き換えに (慣れていないこともあろうが) 当惑したのであろう。

2. 視点と相互動詞

日英語の受身文はともに，話し手が受身文の主語に自分の視点を寄せて当該の事象を述べる文であるという点を踏まえ，次の文を見てみよう (第 1 章の (19)–(20) も参照)。

(4) a. I praised Amy.
　　　(私はエイミィを褒めた)
　　b. ??Amy was praised by me.
　　　(*エイミィは私に褒められた)

(4a, b) では，話し手自身がエイミィを褒めており，これは (4a) のように能動文で言うのが普通である。(4b) のように受身文にすると，by 以下に強調ストレスを置いて，たとえば次のように

言わない限り，極めて不自然である（大文字は強調ストレスを表す）。

(5) Speaker A: Was Amy praised by Ms. Jones?
    Speaker B: No. She was praised by ME, not by her.

(4b)の不自然さは，日本語の場合と同様に，第1章で述べた「話し手の視点規則」（以下に再録）で説明できる。

(6) 話し手の視点規則：
    話し手（や書き手）は一般に，自分に近い，親しみのある人や物寄りに自分の視点を置き，それを文の主語（または主題）にして当該事象を述べる。

話し手は，自分寄りの視点をとるのが最も自然なので，話し手を主語にした(4a)は適格であるが，(4b)は，話し手が自分寄りの視点をとらないで，エイミィ寄りの視点をとり，エイミィを主語にしているので，(6)の視点規則に違反して不適格となる。

第1章で日本語の受身文を考察した際，「結婚する，離婚する，会う／出会う，デートする」のような「相互動詞」（たとえば，AがBと結婚すれば，BはAと結婚することになる動詞）は，話し手が自分の視点を寄せる人を主語にして，たとえば「結婚する」だと次のように表現することを観察した。

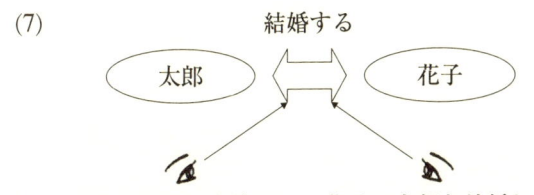

(7)　　　　　　　結婚する
　　　太郎　⇔　花子

　太郎は花子と結婚した　　花子は太郎と結婚した

したがって，話し手が太郎寄りの視点をとっても，花子寄りの視点をとっても，「結婚する」という相互動詞が用いられるので，(7) の事象は，わざわざ受身文の助けを借りる必要がなく，次の (8a-c) のような文は不適格となる ((8a) は，太郎が花子以外の人と結婚し，そのことで花子が被害・迷惑を受けていることを表す間接受身文の場合は，もちろん適格である)。

(8) a. ［太郎が花子と結婚した場合に］
　　　＊花子は太郎に昨年 6 月に結婚された。
　　b. ＊花子は太郎に昨日，いつもの喫茶店で会われた。
　　c. ＊花子は太郎に昨日池袋で出会われた。

この点は英語でもまったく同様で，ジョンとメアリーが結婚した場合，話し手がジョン寄りの視点をとれば，John married Mary. と表現し，メアリー寄りの視点をとれば，Mary married John. と表現する (話し手が中立の視点をとれば，John and Mary married. あるいは Mary and John married. と表現する) ので，受身文の助けを借りる必要がなく，次のような文は不適格である。

(9) a. ＊Mary was married by John in 2008.
　　b. ＊Mary was met by John at a Dunkin Donuts on Main Street.
　　c. ＊Mary was met by John in Central Park yesterday.

(9b) では，ジョンとメアリーがダンキン・ドーナッツ店で約束して会い，(9c) では二人がセントラル・パークで偶然出会ったと解釈されるが，それぞれ逆の解釈も可能である。しかし，いずれであっても，このような事態は受身文では表現されない。

　高校では，受身にならない動詞としてよく resemble があげられ，ある文法書は次の文を提示しているが，A が B に似ていれ

ば，B は A に似ているので，resemble も相互動詞である。

(10) ただし，他動詞でも resemble は受動態にできません。
- a. Tom **resembles** his father.
   → ×His father **is resembled** by Tom.
- b. Human beings **resemble** busy little ants.
   → ×Busy little ants **are resembled** by human beings.

したがって，(10a, b) の受身文が不適格なのは (9a-c) と同様で，resemble が相互動詞なので，受身文の助けを借りる必要がないわけである。[1]

ただ，(9a-c) で興味深いことは，これらの不適格文も，(9a) のジョンがたとえば牧師で，メアリーとほかの誰かの結婚式をつかさどったという意味だったり，(9b, c) の meet が「(約束して) 会う」や「(偶然に) 出会う」という意味ではなく，「出迎える」という意味であれば，次のように適格となる (いずれも実例)。

(11) a. **Paul and I were married by Father Simon** on October 6th, 2007.
(ポールと私は，サイモン神父の司式で 2007 年 10 月 6 日に結婚した)

---

[1] (10a) の *His father is resembled by Tom. が不適格なのは，resemble が相互動詞であるだけでなく，話し手の視点が矛盾していることにも原因がある。トムの父親の名前がたとえばビルだとすると，主語の his (= Tom's) father という表現は，話し手が，ビルを Tom's father と言っているため，トム寄りの視点から描写していることになる。しかし，この受身文の主語が his father (= Bill) であることから，話し手はこの文をビル寄りの視点から述べていることになる。したがって，話し手は一つの文の中で相異なる矛盾した視点をとっていることになり，(10a) が不適格となる (このような話し手の視点の矛盾に関しては，久野 (1978) を参照されたい)。

b. At the Rome Airport **we were met by an Italian lady** who was an official licensed guide.

(ローマの空港で私たちは,公認のガイドである<u>イタリア人女性に出迎えられた</u>)

(11a) の marry は,「〈牧師・司祭などが〉〈人を〉結婚させる」という意味であり,(11b) の meet は,「〈人や乗り物などを〉出迎える」という意味であり,ともに相互動詞ではない。

さて,(1b) や (3b) の動詞 praise (褒める/賞賛する) も相互動詞ではないが,それではなぜ,これら (1b)/(3b) や (11a, b) の受身文は適格なのだろうか。これまでの議論から,英語の受身文は,日本語の受身文と同様に,話し手がある事象を,その動作主ではなく対象に自分の視点を寄せて述べる文であり,相互動詞は受身にならないことが分かったが,本章では以下,これらの観察に加え,英語の受身文が適格となるための意味的条件を考察する。

3. 受身文の状態変化制約

まず,次の文から考えてみよう。

(12) a. *The corner was **turned** by Lauren.
  b. The page was **turned** by Lauren.
(13) a. *Mary was **approached** by the train to Paris.
  b. Mary was **approached** for contributions by several fund raisers.
    (メアリーのところに資金集めの人たちが何人か,寄付金を頼みに近づいてきた)

(12a, b) ではともに turn という動詞が用いられ，(13a, b) でもともに approach という動詞が用いられているが，(a) は不適格で，(b) は適格である。これはなぜであろうか。

(12a, b) を日本語にすると，(12a) の turn は「曲がる」，一方 (12b) の turn は「めくる」という意味であることが分かる。そして，(12a) でローレンが角を曲がっても，その角に対しては何もなされておらず，その角は何の変化も影響も受けない。一方 (12b) で，ローレンが本などのページをめくれば，そのページは，当然，変化や影響を受ける。(13a, b) の approach も，意味が若干違っている。(13a) の approach は，「〈乗物・人が〉〈場所・物・人など〉に近づく，接近する」(両者の距離が縮まる) という意味なのに対し，(13b) の approach は，「〈人〉に (特別な目的を持って) 接近する，[...のことで] 話をもちかける」という意味である。そのため，(13a) では，電車が (プラットフォームにいる) メアリーに近づいてきても，それは電車が駅に近づいただけで，メアリーを直接対象とした動きではない。そのため，メアリーはそのことで何の変化も影響も受けない。一方，(13b) の approach は，寄付金を集めている人たちがメアリーに連絡を取り，寄付金を依頼するという意味であり，メアリーを直接対象として近づいている。そのため，その行為によりメアリーは変化や影響を受けることになる。

以上の説明から読者の方々は，(12a, b)，(13a, b) のような英語の受身文の適格性も，日本語の受身文の場合と同様に，次の制約で説明できることに気づかれるだろう (第1章の (27) 参照)。

(14) 受身文の状態変化制約：
受身文は，動詞が表す事象が，その主語指示物を直接対象としてなされ，その状態に変化や影響を及ぼす場

合に適格となる。

　この制約はもちろん，次のような典型的な英語の受身文の適格性も説明できる。

(15)　John was **hit/criticized/praised/loved** by Mary.

メアリーがジョンを叩いたり，批判したり，賞賛するという行為は，当然，ジョンをその行為の直接対象としてなされ，ジョンはそうされることで，それ以前の状態とは異なる変化や影響を受ける。また，メアリーがジョンを愛しておれば，ジョンはその愛を受ける直接対象であり，それまでのそうでない状態から，愛されている状態へと変化していることになる (第 1 章の (23)-(25) も参照)。よって，(15) の受身文は (14) の状態変化制約を満たし，適格であると説明できる。

　さらに次の文を見てみよう。

(16) a.　The window was **broken** by John.
　　 b.　*The drama was **enjoyed** by Mary.

(16a) の窓ガラスは，ジョンの割るという行為の直接対象であるが，(16b) のドラマも，メアリーが楽しむという行為の直接対象である。それにもかかわらず，(16a) は適格で，(16b) は不適格である。これはなぜだろうか。それは，窓ガラスは割られると，変化や影響を受けることになるが，メアリーがドラマを楽しんでも，そのドラマは何の変化も影響も受けないからである。よって，(16a) は (14) の状態変化制約を満たして適格であるが，(16b) はそれを満たさず，不適格である。

　次の文の適格性の違いも同様に説明できる。

(17) a.　??/*_Harry Potter_ **was read** by John last month.

b. His dissertation **was read** by the three members of the committee.

(彼の博士論文は，その委員会の三人の審査員によって読まれた)

c. John's book **was reviewed** by Professor Thomson.

(ジョンの本は，トムソン教授によって書評された)

(17a-c) の『ハリー・ポッター』や彼の博士論文，ジョンの本は，読まれたり，書評をされる直接対象であるが，(17a) は不適格であり，(17b, c) は適格である。(17a) が不適格なのは，ジョンが『ハリー・ポッター』を読んでも，その本の状態に何ら変化や影響を与えないからである。一方，(17b) が適格なのは，この文のread が，単に「読む」という意味ではなく，「読んで評価する」というような意味であり，彼の博士論文が審査されて，変化や影響を受けることになるからである。同様に (17c) でも，彼の本が書評されれば，その本は変化や影響を受けることになる。よって，(17b, c) は (14) の状態変化制約を満たして適格である。

ここで，前節で観察した (11a, b) (以下に再録) に立ち返ると，これらの文も (14) の状態変化制約を満たしているので適格となることが分かる。

(11) a. **Paul and I were married by Father Simon** on October 6th, 2007.

(ポールと私は，サイモン神父の司式で 2007 年 10 月 6 日に結婚した)

b. At the Rome Airport **we were met by an Italian lady** who was an official licensed guide.

(ローマの空港で私たちは，公認のガイドであるイタリア人

女性に出迎えられた)

(11a) では,サイモン神父がポールと話し手を直接対象として,二人の結婚式をあげており,二人はその結婚式により,それ以前とは異なる変化を受けることになる。また (11b) では,イタリア人女性は話し手たちを直接対象として出迎えており,話し手たちはそのことにより,変化や影響を受けることになる。

私たちは第1章で,(14) の状態変化制約を考察したとき,日本語では,無生物が主語で,「ニ」格名詞句が特定人物の受身文は,この制約を満たしていても,話し手が自分の視点を親しみのある特定人物より,親しみのより薄い無生物に近づけるのが難しいので,不適格になるが,英語では,無生物主語構文が発達しているので,この視点関係がそれほど強く働かず,次のような文が適格になることを観察した (第1章の (35a-c))。

(18) a. **This pair of shoes** was frequently worn **by my mother**.
b. **This picture** was taken **by my father** in Hawaii.
c. **The windows of the classroom** were opened **by Yamada**.

(18a) では,母が話題になっている靴を直接対象として履き,そのことで靴は状態変化を受ける。また (18b) では,話題となっている写真は,話し手の父が撮ったからできたものであり,それ以前の何もない状態から,当然,変化や影響を受けている。同様に (18c) では,教室の窓は,山田君が直接対象として開けたものであり,そのことによって窓は変化や影響を受けている。よって,これらの文は (14) の状態変化制約を満たして適格となる。

このように英語の受身文では,主語が無生物で,行為者を表す

by 句が特定の人間でも，(14) の状態変化制約が満たされておれば適格となる。実際，(18a-c) 以外にも，すでに観察した (12b)，(16a)，(17b, c) は，主語が無生物で，by 句が特定の人間であるが，いずれも (14) の制約を満たしており，適格となっている。

　高校では，受身にならない他動詞として resemble がよく取り上げられることを前節で観察したが，これ以外にも次のような他動詞が受身にならないとよく言われている。

(19) 　have（持つ），lack（欠ける），become（似合う），cost（〈費用が〉かかる），fit（〈寸法が〉合う），suit（ふさわしい）

(20) a. 　Mary **had** a nice car.
　　　→ ×A nice car **was had** by Mary.
　　b. 　About two billion of the world's people **lack** food security.
　　　（全世界で約20億の人々が食料の安定性を欠いている）
　　　→ ×Food security **is lacked** by about two billion of the world's people.
　　c. 　That big ribbon will surely **become** her.
　　　（あの大きなリボンは彼女にきっと似合うだろう）
　　　→ ×She will **be** surely **become** by that big ribbon.
　　d. 　This book **costs** twenty dollars.
　　　→ ×Twenty dollars **are cost** by this book.
　　e. 　This dress **fits** me perfectly.
　　　→ ×I **am fitted** perfectly by this dress.
　　f. 　Spicy food doesn't **suit** my stomach.
　　　（辛い食べ物は私の胃が受け付けない）
　　　→ ×My stomach **isn't suited** by spicy food.

「メアリーが車を持っている」，「20億の人が食料の安定性を欠い

ている」,「リボンが彼女に似合う」,「本が20ドルする」,「ドレスが私にぴったりである」,「辛い食べ物は私の胃に合わない」というのは，これまでの例のように，誰か（何か）が誰か（何か）に何かをするという行為を表すものではなく，主語が目的語に対してどのような状態にあるかを述べる文である。そのため，主語は目的語に対して何も行っておらず，その結果，目的語は何の変化も影響も受けていない。たとえば (20a) で，メアリーが新しい車を持っていたというのは，彼女がどのような状態にあったかを述べるだけで，新しい車は変化や影響を受けるわけではない。同様に (20b) で，20億の人々が食料の安定性を欠いているというのも，その数の人々がどのような状態にあるかを述べるだけで，食料の安定性はそのことで何ら変化や影響を受けるわけではない。(20c-f) も同様である。よって，(20a-f) の受身文は状態変化制約を満たさず，不適格であると説明される。また，受身文のby でマークされる句は，一般にある動作を行う「動作主」を表すが，上で述べたように，(20a-f) の能動文の主語は目的語に対して何も行っていないので，動作主ではない。したがって，動作主ではない要素が by でマークされていることが，これらの受身文の適格性を一層低いものにしている。

(20a) と同様に，次の文でも他動詞の have が用いられているが，次の二つの受身文はまったく適格である。

(21) a. All **had** a good time at the party.
  → A good time **was had** by all at the party.

  (実例)

  b. All **had** an enjoyable dinner.
  → An enjoyable dinner **was had** by all. (実例)

(20a) の受身文が不適格なのに対し，どうして (21a, b) の受身

文は適格なのだろうか。(21a, b) の have は,「持つ」という意味ではなく,それぞれ「過ごす」,「食べる」という意味である。そして, (21a) では, a good time で表された時間全体が,「過ごす」という動作の及ぶ直接的対象で,みんなが楽しい時間を過ごしたことで,「楽しい時間」の状態変化 (つまり,未存在の状態から存在の状態への変化) が述べられている。また (21b) では, an enjoyable dinner は,「食べる」という動作の直接的対象であり,みんなが楽しい夕食を食べたことで,「楽しい夕食」の状態変化が述べられている。よって,これらの受身文は,状態変化制約を満たしており,適格である。[2]

4. 受身文の特徴付け制約

次の受身文を考えてみよう。

(22) a. ??/*_Harry Potter_ was read by John.　(cf. (17a))
　　 b. 　_Harry Potter_ was read **even** by John.

---

[2] have の受身文で,動作主が by を伴って現れる文は,ほとんどすべて by all で,次のような文は不自然である。

(i) a.??A good time was had by John.
　　b.??An enjoyable dinner was had by John and Mary.

これは,ジョンのような特定人物がしたことが話題になっている文脈で,関心の中心を「楽しい時間」とか「素晴らしい夕食」に移し,特定人物の影を薄くすることが,一般に難しいからだと考えられる。一方 (21a, b) は, all が特定人物を指さないので,動作主が明示されない次のような文とほぼ同じ意味に解釈されるので,適格になるものと思われる (久野・高見 (2005: 68) を参照)。

(ii) a. 　A good time was had.
　　 b. 　An enjoyable dinner was had.

> c. *Harry Potter* has been read by **billions of people all over the world**.

(22a) は，(17a) で見たように不適格であるが，(22b) は，(22a) に even が挿入されただけなのに適格となり，(22c) も，(22a) と違って適格である。しかし，(22a, b) でジョンが『ハリー・ポッター』を読むという行為は，その本を直接対象としてなされるものの，その本の状態に変化や影響を与えるものではない。それにもかかわらず，どうして (22a, b) は適格性が違うのだろうか。

この違いは，第1章で提案した「受身文の特徴付け制約」が英語の受身文にも働いていることを示していると考えられる。(22a) で，ジョンが『ハリー・ポッター』を読んでも，その事実は『ハリー・ポッター』がどのような本であるかを特徴付けたり，性格付けたりするものではないので，この文は，John read *Harry Potter*. と能動文で表現しなければならない。一方 (22b) で，ジョンでさえ『ハリー・ポッター』を読んだという事実は，本を読まないあのジョンでさえ読むのだから，『ハリー・ポッター』は有名で，多くの人に読まれているという，その本の特徴付けを行っている。また (22c) は，全世界の何十億もの人がその本を読んだということで，その本の特徴付けがなされている。よって，(22a) と (22b, c) の適格性の違いは，次の制約で説明できる（第1章の (43) 参照）。

(23) 受身文の特徴付け制約：
受身文は，話し手がその主語を特徴／性格付けるときに適格となる。

次の文の適格性の違いも同様に説明される（(24b, c), (25b) は

インターネットからの実例)。

(24) a. **Titanic* was seen by John yesterday.
　　b. *Titanic* has been seen by 25,000,000 people so far.
　　c. *Titanic* has been seen by many more people than *Avatar* has.

(25) a. *The *New York Times* was read by Mary yesterday.
　　b. The *New York Times* was established in 1851. The main objective of the newspaper was to report the news in a restrained and objective fashion.
　　（ニューヨーク・タイムズは1851年に創刊され，その新聞の主要な目的は，冷静で客観的にニュースを報道することであった）

ジョンが昨日『タイタニック』を見たり，メアリーが昨日ニューヨーク・タイムズを読んでも，その事実は，『タイタニック』がどのような映画であり，ニューヨーク・タイムズがどのような新聞であるかを特徴付けたり，性格付けるものではない。よって，(24a), (25a) は，(23) の特徴付け制約を満たさず不適格であり，これらは，John saw/went to see *Titanic* yesterday., Mary read the *New York Times* yesterday. のように能動文で表現しなければならない。一方，これまで2千5百万人もの人が『タイタニック』を見たり，『アバター』よりも『タイタニック』を見ている人のほうが多いという事実は，『タイタニック』がどれほど人気があり，有名な映画であるかを述べるものであり，ニューヨーク・タイムズが1851年に創刊されたという事実は，それがいかに伝統のある新聞であるかを述べることになる。よって，

(24b, c), (25b) は受身文の主語を特徴付けており, 特徴付け制約を満たして適格である。

次の実例も同様に説明できる。

(26) a. *Romeo and Juliet* **was written by** Shakespeare.
   b. Magnesium **was discovered by** Joseph Black in England in 1755.
   c. The modern image of Santa Claus **was created by** the Coca-Cola Company.
   (サンタクロースの現代イメージは, コカコーラの会社によって作り出された)
   d. America's unofficial national anthem **was composed by** an immigrant who left his home in Siberia for America when he was only five years old.
   (アメリカの非公式の国歌は, たった5歳のときにシベリアの故郷を出て, アメリカへとやってきた移民によって作られたものである)

『ロミオとジュリエット』がシェイクスピアの作であるという事実は, 明らかにその本の特徴付け, 性格付けとして機能しており, マグネシウムがどこの誰にいつ発見されたものであるかという記述も, マグネシウムの特徴付け, 性格付けとして機能している。よって, (26a, b) は受身文の特徴付け制約を満たして適格である。同様に (26c, d) でも, サンタクロースの現代イメージやアメリカの非公式の国歌が誰によって作られたものであるかが述べられており, 受身文の主語が特徴付けられている。よって, これらの文も (23) の制約を満たして適格である。

5. 「受身文の利害表明制約」は必要か？

　私たちは第1章で日本語の直接受身文を考察した際，その適格性を説明する制約として，(A) 受身文の状態変化制約，(B) 受身文の特徴付け制約，(C) 受身文の利害表明制約の三つを提案した。そして本章で英語の受身文を考察し，(A) と (B) の二つの制約が英語の受身文の適格性を説明する上でも必要であることを示した。それでは，(C) の「受身文の利害表明制約」はどうなのだろうか。この制約も英語受身文の適格性の説明に必要だろうか。

　まず，次の文から考えてみよう。

(27) a.　ハワイ大学は，佐藤先生に辞められた。
　　　b.　*The University of Hawaii **was quit** by Professor Sato.

(27a, b) は，同一の事象を述べているにもかかわらず，日本語は適格で，英語は不適格である。ここで，(27a) の日本語は，佐藤先生がハワイ大学を辞めたことで，ハワイ大学は評判を落としたりして，被害を被っているという意味合いがある。よってこの文は，第1章で提案した「受身文の利害表明制約」を満たしており，適格であると考えられる。それに対し (27b) の英語は不適格であるため，英語では，利害表明制約が機能しないように思われる。

　さらに次の受身文を考えてみよう。

(28) a.　私の車は，トラックにめちゃくちゃに壊された。
　　　b.　My car **was totaled** by a truck.
(29) a.　その教会は60年代，クークラックスクランに焼き払

われた。
b. The church **was burned down** by the Ku Klux Klan back in the '60s.
［Ku Klux Klan: 第1次大戦後，米国に結成された白人秘密テロ結社］

(30) a. 太郎の仮説は，山田先生に簡単に<u>つぶされた</u>。
b. Taro's hypothesis **was** easily **disproved** by Professor Yamada.

(28)–(30) の (a) の日本語の受身文の動詞「壊す，焼き払う，つぶす」は，第1章で観察したように，その語彙特性として被害・迷惑の意味を内包しており，当事者がそのような事象から被害や迷惑を被ると推測できる。そのため，これらの文は，受身文の利害表明制約を満たしており適格である。そしてそれと同時に，これらの文は，受身文の状態変化制約も満たしている。(28a) では，話し手の車は，トラックが壊す直接対象であり，壊されることで変化や影響を受けるし，(29a) でも，その教会が焼き払われる直接対象であり，焼き払われることで変化や影響を受ける。(30a) でも同様である。そのため，これらの受身文は，受身文の状態変化制約も満たしているので適格であると説明できる。したがって，これらの日本語に対応する (b) の英語の受身文でも，主語は動詞の表す動作の直接対象であり，その動作によって変化や影響を受けるので，これらの英語の受身文は，状態変化制約を満たしているから適格であると説明できる。そして，上で見た (27b) が不適格なのは，英語では利害表明制約が機能せず，さらに佐藤先生がハワイ大学を辞めるという行為は，佐藤先生の自律的行為であって，そのことでハワイ大学の状態が変化することはなく，状態変化制約を満たしていないためであると説明できる。

(28)–(30) の (b) の英語の受身文でも，話し手や教会の関係者，太郎は，当該の事象により被害や迷惑を被っていることが推測される。ただ，これらの英語の受身文は，当該の事象を話し手が客観的に描写している感じが強く，英語ではこのような文に内在する被害や迷惑の意味を明示的に表すには，次のように have を用いた構文で表現するのが一般的である。

(31) a. **I had** my car totaled by a truck.

　　　（私は，車をトラックにめちゃくちゃに壊された）

　　b. They **had** their church burned down by the Ku Klux Klan back in the '60.

　　　（彼らは，教会を 60 年代にクークラックスクランに焼き払われた）

　　c. Taro **had** his hypothesis easily disproved by Professor Yamada.

　　　（太郎は，自分の仮説を山田先生に簡単につぶされた）

たとえば (28b) の My car was totaled by a truck. と，(31a) の I had my car totaled by a truck. を比べると，前者の受身文の主語は my car で，この文は話し手の車がどうしたかを述べており，車に関する客観的描写として解釈されやすい。一方，後者の have を用いた文の主語は I であり，この文は話し手がどうしたかを述べているので，話し手が「自分の車がトラックにめちゃくちゃに壊された」という事態に遭遇したと述べており，被害や迷惑の意味がより如実に示されることになる。

ここで，(31a–c) の have を用いた構文の日本語訳が，第2章で考察した日本語の間接受身文になっていることに注意されたい。本題から少し外れるが，上で見た日本語の直接受身文と間接受身文を比べてみよう。

(32) a. 私の車は、トラックにめちゃくちゃに壊された。(= (28a))

b. 私は、車をトラックにめちゃくちゃに壊された。(cf. (31a))

(33) a. その教会は60年代、クークラックスクランに焼き払われた。(= (29a))

b. 彼らは、教会を60年代、クークラックスクランに焼き払われた。(cf. (31b))

(34) a. 太郎の仮説は、山田先生に簡単につぶされた。(= (30a))

b. 太郎は、自分の仮説を山田先生に簡単につぶされた。(cf. (31c))

(32)–(34) の (a) は、対応する能動文があるので (たとえば (32a) に対して、「トラックが私の車をめちゃくちゃに壊した」)、直接受身文であり、(b) は、対応する能動文がないので (たとえば (32b) に対して、「*トラックが私を車をめちゃくちゃに壊した」)、間接受身文である。ただ、両者の形式上の違いはわずかで、たとえば (32a) の直接受身文では、主語が「私の車は」となっているのに対し、これが (32b) の間接受身文になると、主語と目的語に分けられ、「私は車を」となるだけで、あとの部分はまったく同じである。したがって、間接受身文で示される主語の被害や迷惑の意味が、直接受身文でも示されるので、日本語の直接受身文の適格性を説明する制約として、受身文の利害表明制約が必要になるものと思われる。それに対して英語では、日本語の間接受身文で示される主語の被害や迷惑の意味は、受身文ではなく、むしろ have 構文で明示的に示されるので、英語の受身文の適格性を説明する制約として、利害表明制約は不要であると考えられる。

ここで，本題の英語の受身文に戻って，次の文を比べてみよう。

(35) a. *The lecture hall was **entered** by John on time.
　　b. *The house was **entered** by Mary.
(36) a. The reactor chamber was **entered** by a team of scientists on Friday for the first time since the accident.
　　　(その原子炉チェンバーに金曜日，事故が起こってから初めて科学者の一団が入った)
　　b. The town's post office was **entered** by burglars last night.
　　　(その町の郵便局が昨晩泥棒に入られた)

(35a, b), (36a, b) の動詞 enter は，いずれも「～に入る」という意味であるが，(35a, b) の受身文は不適格で，(36a, b) は適格である。これはなぜだろうか。両者を比べてみると，「入る」という動作がその目的語の対象物（講堂や原子炉チェンバー）に与える影響に大きな違いがあることが分かる。ジョンが講堂に入ったり，メアリーが家に入ったりする動作は，講堂や家の一部に起きる<u>局所的な動作</u>であるが，科学者チームが事故の後初めて原子炉チェンバーに入ったり，泥棒が郵便局に入ったりする動作は，原子炉チェンバーや郵便局の<u>内部全体に起きる動作</u>であり，その動作の効果が対象物全体に及んでいる。そのため，人が講堂や家に入っても，講堂や家は何の変化も影響も受けないが，科学者の一団が原子炉チェンバーに入ったり，泥棒が郵便局に入れば，原子炉チェンバーや郵便局は，それ以前の状態とは異なる変化や影響を受けることになる。よって，(35a, b) は受身文の状態変化制約（と受身文の特徴付け制約）を満たさず不適格であるが，(36a, b) は受身文の状態変化制約を満たすので適格であると説明で

きる。

　ここで，(36b) では，郵便局に泥棒が入ったことで，郵便局は被害・迷惑を被っており，受身文の利害表明制約がこのような文の適格性を説明する上で必要であると思われるかも知れない。しかし，この文の適格性は，受身文の状態変化制約で説明できるし，受身文の利害表明制約が英語にも働いていると想定することは，すでに見たように，(27b) の文を間違って適格と予測してしまう。また，そのように想定することは，(36a, b) の enter が用いられた文に対して，(36a) は状態変化制約で，(36b) は利害表明制約（と状態変化制約）でその適格性を説明することになり，ひとつの制約で一律に説明できる二つの文に対して，わざわざ別の制約で説明するという理論的不備も伴うことになる。よって，以上の理由から，受身文の利害表明制約は，英語の受身文の説明には働かないと考えるのが妥当である。

6. 実例の観察

　第 1 章で日本語の受身文の実例を観察したのと同様に，本章でもここで，英語の受身文の実例を観察し，どのようなタイプの受身文が実際に多く用いられているか，そして，それらの実例が上で提案した二つの制約で説明できるか，考えてみたい。この目的のために，手元の小説，(生活，科学，経済，言葉等に関する) 一般書，随筆，観光案内書等の 14 冊の本から，それぞれ数例ずつを無作為抽出して 50 例の受身文を集めた。[3] その 50 例を，主

---

[3] 実例は次の本から採った。J. K. Rowling (1999) *Harry Potter and the Prisoner of Azkaban*, R. Dahl (1988) *Matilda*, D. Niven (2000) *The 100 Simple Secrets of Happy People*, C. Ernest (2008) *Ecology*, E. Randy

語が〈人間〉か〈無生物〉か，*by*-phrase が〈人間〉か〈無生物〉か，あるいは示されていないかで分けてみると，次のような結果になった。右端に，第1章で観察した日本語の受身文25の実例の分布を比較のため記しておく。

(37)

	主語	*by*-phrase	英語の実例数	日本語の実例数
a.	〈人間〉	〈人間〉	1	6
b.	〈人間〉	〈無生物〉	3	1
c.	〈人間〉	不明示	8	7
d.	〈無生物〉	〈人間〉	4	—
e.	〈無生物〉	〈無生物〉	8	
f.	〈無生物〉	不明示	26	11
		合　計	50	25

集めた実例が，話し言葉ではなく，書き言葉であり，また例文の数も少ないため，もちろん確実なことは言えないが，それでも英語の受身文の実例で，主語が〈無生物〉で，*by*-phrase（日本語の

(2001) *A Beginner's Guide to the World Economy*, D. Crystal (1988) *The English Language*, R. Hogg & D. Ebnison (2006) *A History of the English Language*, S. Pinker (2007) *The Stuff of Thought*, M. Fogarty (2008) *Grammar Girl's Quick and Dirty Tips for Better Writing*, W. O'Grady (2005) *How Children Learn Language*, R. Wajnryb (2008) *You Know What I Mean?*, R. Pulvers (2009) *Delighting in Cultures*, B. Chesler (1982) *In and Out of Boston with (or without) Children*, G. Orcutt (1988) *Massachusetts: Portrait of the Land and its People*.

「ニ」格名詞句に相当）が示されていないものが50例中，26例で，半数以上と圧倒的に多い。(37c) の主語が〈人間〉で，*by*-phrase が示されていない8例と合わせると，*by*-phrase が示されていない例は，50例中34例で，ほぼ7割の受身文が *by*-phrase がないことになる。この点は，日本語でも25例中，18例 (72%) が動作主を表す「ニ」格名詞句を伴っていないことと符合する。さらに英語の受身文の場合，主語が〈無生物〉の例が38例 (76%) で，〈人間〉の例が12例 (24%) であり，前者が後者の3倍あまりになっている。この点は，書き言葉がサンプルになっていることもあろうが，興味深い。日本語の例が25例なのに対し，英語の例が50例なので，両者を単純に比較することはできないが，それでも，日本語では，主語が〈無生物〉で，「ニ」格名詞句が〈人間〉の受身文は，話し手の視点規則に違反するため，1例も観察されなかったが，英語では，この視点規則が日本語のようには強く働かないため，(37d) に示したように，4例の実例があることも興味深い。さらに，日本語では，主語も「ニ」格名詞句も〈無生物〉の例が1例もなかったが，英語では，それに対応する例が8例あることも興味深い。

　それではまず，主語が〈人間〉で *by*-phrase も〈人間〉の1例と，主語が〈人間〉で *by*-phrase が〈無生物〉の3例から見てみよう。

(38) a.　They [Harry's parents] had **been murdered, murdered** by the most feared Dark wizard for a hundred years, Lord Voldemort.
　　　　（彼ら［ハリーの両親］は，過去百年間で最も恐れられた闇の魔法使い，ヴォルデモート卿の手にかかって<u>殺された</u>のだ）

b. She **was** considerably **shaken** by this exchange but took care not to show it.

(彼女はこのやり取りでかなり動揺したが，それを顔に出さないように気をつけた)

c. Miss Honey **was astounded** by the wisdom of this tiny girl.

(ハニー先生は，この小さな少女がとても賢いことにびっくりしてしまった)

d. We **are** all **affected** by the decisions and even the existence of those around us.

(私たちはみんな，周りの人たちの決定やその人たちの存在にすら影響を受けている)

これらの例は，いずれも受身文の状態変化制約を満たしており，適格であると説明できる。(38a-c) で，人が殺されたり，動揺したり，びっくりすれば，その人は当然，それ以前の状態から変化や影響を受けている。また (38d) では，文字どおり，are affected (影響を受けている) という動詞が用いられ，主語の変化や影響が示されている。ここで，(38b-d) では，英語の受身形 was shaken, was astounded, are affected が，日本語では「動揺した」，「びっくりした」，「影響を受けている」のように，能動形で表現されることに注意したい。英語の受身形が，日本語では必ずしも受身形にはならず，そのまた逆もしかりである。

次に，主語が〈人間〉で，by-phrase が明示されていない 8 例を見てみよう。

(39) a. Okinawan children who **were caught** speaking their native language in school **were forced** to hang a punishment card around their neck.

　　　　（沖縄の子供たちは，学校で母語を話しているのが見つかると，罰として首に札をかけるよう強いられた）

b. You **are** fully **expected** not to know how to act.
　　　　（あなた［外国人］は，完全に，（日本で）どのように振る舞ったらよいか分からないのだと思われている）

c. How do children learn language? Every time **I'm asked** that question, my first inclination is to respond by simply saying that I wish I knew.
　　　　（子供たちはどのように言葉を学ぶのだろう。私はその質問をされるたびに，私もそれが分かればいいのにと答えたい気持ちになる）

d. Harry's dead parents, who had been a witch and wizard themselves, **were** never **mentioned** under the Dursley's roof.
　　　　（ハリーの亡くなった両親は，魔女と魔法使いだったが，ダーズリー家の屋根の下では決して2人のことが口にされることはなかった）

e. Harry had **been allowed** to let his owl, Hedwig, out at night.
　　　　（ハリーは，夜だけフクロウのヘドウィグを自由にしてやれた）

f. He had been the youngest person in a century to **be picked** for one of the Hogwarts House teams.
　　　　（彼［ハリー］は，今世紀最年少の選手としてホグワーツの寮代表選手に選ばれた）

(39a–f) の例も，いずれも受身文の状態変化制約を満たしており，適格であると説明できる。(39a) では，主語の沖縄の子供たちが，

母語を話しているのを見つけられたり，罰を強いられる直接対象であり，その動作によって子供たちは変化や影響を受ける。また(39b)では，主語の聞き手（外国人）が，振る舞い方が分からないと日本人に思われる直接対象であり，そのことにより変化や影響を受けることになる。(39c)でも，主語の話し手が，質問をされる直接対象であり，話し手はそのことにより，変化や影響を受ける。(39d-f)でも同様で，主語のハリーの両親やハリーが，話をされたり，フクロウを外に出すのを許可されたり，代表選手に選ばれたりする直接対象であり，そのことにより彼らは変化や影響を受ける。ここで，(39a-f)の英語の受身文とその日本語訳を見てみると，(39a)の were caught が，「見つけられる」ではなく，「見つかる」となっており，(39e)の been allowed が，「許された」ではなく，「(自由にして)やれた」となっている。英語の受身形が，日本語ではこのように能動形で表現されるほうがより自然な場合があり，この点は(38b-d)で見たのと同様である。

次に，主語が〈無生物〉で，*by*-phrase が〈人間〉の4例を見てみよう。

(40) a. The attacks **were masterminded** by Osama bin Laden, leader of the Al Qaeda terrorist organization.

   (その襲撃は，アルカイダのテロリスト組織のリーダーであるオサマビン・ラディンによって指揮されたのだ)

b. Black protest at the turn of the century **was led** by William Monroe Trotter, editor of *the Guardian*.

   (その世紀の変わり目の黒人抗議は，ガーディアンの編集長，ウイリアム・モンロー・トロッターによって指揮された)

c. The East India Marine Society **was organized** by a group of Salem captains and merchants in 1799.
   (東インド海洋学会は，1799 年にセーラムの船長や商人たちによって設立された)

   d. There is no doubt she possessed that rare gift for **being adored** by every small child under her care.
   (彼女が，自分が面倒を見ているすべての子供たちから好かれるまれな才能を持っていたことは疑いようがない)

(40a, b) では，その襲撃 (ニューヨークの世界貿易センターが 2001 年 9 月 11 日にハイジャック機で襲撃された「ナイン・イレブン」として知られる事件) や黒人抗議が，誰によって指揮されたかを説明しており，主語の特徴付け，性格付けがなされている。また (40c) でも，東インド海洋学会がいつ誰によって設立されたかを述べており，東インド海洋学会の特徴付け，性格付けがなされている。よって，これらの文は，受身文の特徴付け制約を満たして適格である。ここで，これらの文の日本語訳では，by-phrase が「〜に」ではなく，「〜によって」となっていることに注意したい (第 1 章参照)。一方 (40d) では，彼女 (子供たちの先生) が持っているまれな才能が，子供たちが好きになる直接的対象であり，好かれることで状態変化を受けると考えられる。よって (40d) は，受身文の状態変化制約を満たして適格である。

次に，主語も by-phrase も〈無生物〉である 8 例を見てみよう。

(41) a. But in both Britain and the USA, English **was** much **altered** by waves of immigration.
   (しかし，英国と米国の両方で，英語は移民の波により大きく変わっていった)

   b. The existing languages, whether Celtic, as in Britain, or Amerindian languages, as in North America, **were** quickly **swamped** by English.

(現存する言葉は，英国のケルト諸語であれ，北米のアメリカインディアン諸語であれ，急激に英語に<u>替わっていった</u>)

c. Special programs can **be arranged** by reservation.

(予約すれば，特別プログラムが<u>計画できます</u>)

d. The silence in the dark house **was broken** only by the distant, grunting snores of his enormous cousin, Dudly.

(暗い家のしじまを<u>破る</u>のは，遠くに聞こえる，巨大ないとこ，ダドリーのブーブーといういびきだけだった)

e. These issues can all **be resolved** by using something that represents value.

(このような問題は，価値を示すものを使うことによってすべて<u>解決できる</u>)

f. The most recent estimates tell us that mother-tongue speakers are now over 400 million. But this total **is** far **exceeded** by the numbers of people who use English as a second or foreign language.

(最近の見積もりによれば，英語の母語話者は現在，4億人を超えている。しかし，英語を第2言語や外国語として使う人の数は，この4億人をはるかに<u>超えている</u>)

g. But why English? In Ghana, Nigeria, and many other countries, the choice **is motivated** by the weight of historical tradition from the British colonial era. A similar pattern of development can be observed in countries which **were influenced** by other cultures.

(しかし,なぜ英語なのだろう。ガーナやナイジェリア,そして他の多くの国では,その選択は,イギリス植民地時代からの歴史的な伝統の重みに原因がある。同様の発展過程は,他の文化から<u>影響を受けた</u>国でも観察される)

(41a-g) の受身文とその日本語訳を見て分かることは,英語の受身文が,日本語ではいずれも能動形で表現されていることである。たとえば (41a) で,「英語は移民の波によって大きく<u>変えられた</u>」と受身形で表現するより,「英語は移民の波により大きく<u>変わっていった</u>」と能動形で表現するほうが自然である。この点は,(37) で見たように,日本語には,主語と「ニ」格名詞句がともに〈無生物〉である受身文の実例が1例もなかったことと符合するように思われる。ただ,(41a-g) の英語の受身文はまったく自然であり,これらの文は,いずれも受身文の状態変化制約を満たしている。たとえば (41a) では,英語が変化の直接対象であり,文字どおり,変化や影響を受け,(41b) では,現存の言葉が,英語が取って代わる直接対象であり,その結果,現存の言葉は,消滅していくという変化・影響を受ける。また (41c) では,特別プログラムが計画の直接対象であり,計画されることで変化や影響を受ける。(41d-g) についても同様のことが言える。

最後に,50例のうち,主語が〈無生物〉で *by*-phrase が示されていない26例を見るが,これらの実例も受身文の状態変化制約か特徴付け制約を満たしている。例文が多いため,それぞれの制約を満たしている5例ずつを以下にあげ,他は割愛する。

(42) a. Millions of information technology jobs have **been created** in Ireland and India.
(何百万もの情報工学の仕事がアイルランドやインドで<u>生み出された</u>)

b. It's a big place where warships **were built** between 1800 and 1974.

(そこは，軍艦が1800年から1974年の間に造られた大きな場所である)

c. Freedom Trail sites **are** neither **numbered** nor sequential, so the trail can **be picked up** at any point.

(フリーダム・トレイルの史跡は，番号もついていないし順番にもなっていないので，その史跡はどの地点が選ばれてもいい)

d. And six of those years will **be spent** right here at Crunchem Hall where, as you know, your Headmistress is Miss Trunchbull.

(そのうちの6年間は，みなさんも知っているように，トランチブル先生が校長先生である，ここクランチェムホールで過ごすことになります)

(43) a. The first union-style organization **was founded** in early 1823.

(最初の組合型組織は，1823年の初めに設立された)

b. The happenings of that day **are** now **called** 9/11.

(その日の出来事は，現在「ナイン・イレブン」と呼ばれている)

c. As long as the world lasts, that Rock [Plymouth] will **be known** and **honored** as the spot where the Pilgrim Fathers rested from their journey and set foot in the land ….

(世界が続く限り，そのプリマスの石は，ピルグリム・ファーザーズが旅の途中で休息をし，その土地に足を踏み入れた

地点として<u>知られ</u>，<u>称えられる</u>ことであろう）[Pilgrim Fathers: 1620 年メイフラワー号でアメリカ大陸に渡り，プリマスに居を定めたピューリタンの一団]

d. *Whilst* **is considered** archaic in American English.
（Whilst は，アメリカ英語では古語であると<u>考えられている</u>）

(42a, b) で，新しい仕事や軍艦は，生み出されたり，造られる直接対象であり，そうされることによってそれまでの状態とは異なる変化が生じる。また (42c) で史跡は，番号をつけたり，訪れるのに選ばれる直接対象であり，そうされることによって変化や影響を受ける。よって，これらの受身文は，いずれも状態変化制約を満たして適格である。次に (42d) では，話題となっている 6 年間がどのような 6 年間であるかの特徴付けがなされており，この文は特徴付け制約を満たしている。さらに (43a, b) は，最初の組合型組織がいつ設立されたか，その出来事が現在どのように呼ばれているかを述べ，主語の特徴付け，性格付けを行っている。また (43c) では，プリマスの石がどのようなものであるか特徴付けられ，(43d) では，whilst が (while と異なり) アメリカ英語でどのように考えられているか特徴付けられている。よって，これらの受身文は，いずれも特徴付け制約を満たして適格である。

　以上の実例の考察から，英語の受身文は，状態変化制約か特徴付け制約 (あるいはそのどちらも) を満たしているので適格であると言え，この二つの制約が英語の受身文の適格性を説明する上で重要な役割を果たしていることが分かった。

7. 自動詞の受身文

これまで観察してきた英語の受身文は，動詞がすべて他動詞であるが，私たちは第1章で，日本語の受身文には自動詞も用いられることを観察した。それでは，英語の受身文にも自動詞が用いられるのだろうか。高校生用英文法書には次のような記述がある。

(44) <u>受動態を作るのは他動詞</u>：
受動態で主語になるのは，能動態の目的語である。したがって，受動態にできるのは，目的語をとる<u>他動詞</u><u>だけ</u>である。ただし，「自動詞＋前置詞」でも，laugh at, deal with のような熟語は，ひとつの他動詞と見なせるので，受動態にすることができる。

しかし，次の例を見てみよう。

(45) a. John **swam in** this pool yesterday.
   b. *This pool **was swum in** by John yesterday.
(46) a. Several former US presidents and scores of Senators have **swum in** this pool.
   (これまでのアメリカ大統領の幾人かと多くの上院議員が，このプールで泳いでいる)
   b. This pool has **been swum in** by several former US presidents and scores of Senators.

(45a) の swim は純粋な自動詞であり，この自動詞文を受身文にした (45b) は，(44) の記述どおり，不適格である。しかし，同じ自動詞の swim が用いられた (46a) を受身文にした (46b) は，まったく適格な受身文である。したがって，英語の受身文にも自

動詞が用いられ，(44) の記述は間違いということになる。それではなぜ，(45b) が不適格なのに，(46b) は適格なのだろうか。

　読者の中には，(45b) と (46b) の対比を見て，もうその理由が分かった方もおられるだろうが，もう少し例を見てみよう (Bolinger (1975))。

(47) a.　The dog **walked under** the bridge.
　　 b.　*The bridge **was walked under** by the dog.
(48) a.　Generations of lovers have **walked under** this bridge.
　　　　（何世代もの恋人たちがこの橋の下を歩いた）
　　 b.　This bridge has **been walked under** by generations of lovers.

同じ自動詞の walk が用いられているにもかかわらず，(47b) の受身文は不適格であり，(48b) の受身文は適格である。この違いはどこからくるのだろうか。

　読者の方々は，上記の英語の受身文を見て，第 1 章で観察した次のような日本語の受身文を想起されるに違いない（第 1 章の (38), (39) 参照）。

(49) a.　*この山は昨日，太郎に登られた。
　　 b.　この山は，もう数百年も前に山頭火に登られている。
(50) a.　*このプールは昨日，小学生に泳がれた。
　　 b.　このプールはまだ誰にも泳がれていない，完成したばかりのプールです。

第 1 章で，これらの受身文の適格性の違いは，主語が特徴付けられているかどうかに起因していることを示したが，上記の英語の受身文でも同様のことが言える。(45b) で，ジョンがプールで

昨日泳いでも，それでそのプールがどのようなプールであるかは示されず，プールの特徴付けが何らなされていない。（さらに，ジョンがプールで泳いでも，プールはそのことで変化や影響を受けず，(45b) は状態変化制約も満たしていない。）一方 (46b) で，これまでのアメリカ大統領の幾人かと多くの上院議員がこのプールで泳いだという事実は，そのプールを他のプールから際立たせ，有名にして，そのプールの特徴付け，性格付けとして機能する。同様に (47b) で，一匹の犬が橋の下を歩いても，その橋がどのような橋であるかは何も述べられておらず，その橋の特徴付けになっていない。（さらに，犬が橋の下を歩いても，その橋には何もなされておらず，橋は変化も影響も受けないので，(47b) は状態変化制約も満たしていない。）それに対し (48b) で，何世代もの恋人たちがこれまでその橋の下をずっと歩いて（デートをした）という事実は，その橋がどのような橋であるかを特徴付け，その橋の性格付けとして機能する。つまり，その橋は，デートコースとして有名になり，「恋人橋」とでも呼ばれたりして，特徴付けられる。

さらに次の対比を見てみよう。

(51) a. *The pen **was written with** by John.
　　 b. That pen **was written with** by Charles Dickens in the 19th century.
(52) a. *The U.S. has **been lived in** by Ann.
　　 b. The U.S. has **been lived in** by generations of immigrants.
(53) a. *The room **was gone into** by Mary.
　　 b. This room must **be gone into** only by the staff.

(51) の write は自動詞用法であり，(52), (53) の live, go はいずれも自動詞であるが，(a) の受身文は不適格であるものの，(b)

の受身文はまったく適格である。そして，これらの違いも上と同様に説明される。(51a) で，ジョンがペンを用いて何かを書いても，その事実は情報価値が低く，そのペンを他のペンから際立たせるものではなく，そのペンの特徴とならない。一方，19 世紀のイギリスの文豪チャールズ・ディケンズがあるペンを用いて小説を書いたとすれば，そのペンはディケンズ記念館のような所に置かれて有名になり，そのペンを特徴付けることになる。同様に (52a, b) で，アンがアメリカに住んでいるという事実は，アメリカの特徴にならないが，何世代もの移民がアメリカに住んでいるという事実は，アメリカを移民の多い国として特徴付けることになる。また (53a, b) で，ある部屋にメアリーが入ったという事実は，その部屋の特徴にはならないが，ある部屋がスタッフしか入れない部屋であるという事実は，その部屋を特徴付けることになる。よって，(51)-(53) の (a) 文は，受身文の特徴付け制約を満たさず不適格であり，(b) 文はそれを満たして適格であると説明される。(なお (a) 文は，いずれも受身文の状態変化制約も満たしていない。)

次に，(44) の高校生用英文法書で述べられている laugh at, deal with のような「熟語」表現の受身文を見てみよう。

(54) a. Mike **was laughed at** by his classmates when he answered the question.
   b. This problem must **be** properly **dealt with** in the meeting.
   (この問題は，会議で適切に処理されねばならない)

(55) a. Speak when you're **spoken to**.
   ([特に子供に対して] 話しかけられるまで黙っていなさい)
   b. The rabbits **were taken care of** by the children.

(その兎は，子供たちによって世話されている)

c. The rubbish **is taken away** every Friday.
(ゴミは毎週金曜日に回収される)

(54a, b) の laugh at (あざ笑う)，deal with (処理する) や (55a-c) の speak to (話しかける)，take care of (世話する)，take away (回収する) は，全体として他動詞として機能していると考えることができ，「目的語」を直接対象としてそれぞれの行為がなされており，その行為によって「目的語」は変化や影響を受けている。たとえば (54a) で，マイクは，クラスメートに笑われる直接対象であり，笑われることで，それまでの笑われていない状態から変化や影響を受けている。同様に (54b) でも，話題となっている問題は，処理される直接対象であり，処理されることで変化や影響を受ける。(55a-c) でも同様のことが言える。したがって，これらの文は，受身文の状態変化制約を満たして適格であると説明できる。

一方，次のような受身文は，特徴付け制約を満たしているので適格である。

(56) a. I don't like to **be waited for**. I always try to be early.
(私は人を待たせるのが嫌で，いつも早く行くようにしています)

b. John **is** heavily **relied on** by his family and colleagues.
(ジョンは家族や同僚にとても頼りにされている)

(56a) で，話し手が人を待たせるのが嫌いだというのは，話し手がどのような人であるかの特徴付け，性格付けとして機能する。

また (56b) で，ジョンが家族や同僚にとても頼りにされているというのも，彼がどのような人であるかの特徴付け，性格付けとして機能する。よって，これらの文は，受身文の特徴付け制約を満たして適格となる。

(56a) とは対照的に，次の文は不適格である。

(57) *I was waited for by Mary yesterday.

(57) の主語の話し手は，メアリーが待つという行為の直接対象ではあるが，彼女が昨日話し手を待っても，話し手は何ら変化を受けるわけではない。そのためこの文は，状態変化制約を満たさない。また，メアリーが話し手を待っても，それは話し手がどのような人であるかを特徴付けたり，性格付けたりもしない。そのためこの文は，特徴付け制約も満たさない。よって，(57) はどちらの制約も満たさないので，不適格である。

以上，本節では，純粋な自動詞でも英語の受身文に用いられることを観察し，そのような受身文は，特徴付け制約を満たしていなければならないことを示した。また，「熟語」表現の受身文は，他動詞受身文と同様に，状態変化制約か特徴付け制約を満たせば適格となることを示した。

8. 結び

本章では英語の受身文を考察し，英語の受身文も，日本語の直接受身文と同様に，話し手がある事象を，その動作主ではなく対象に自分の視点を寄せて述べる文であることを示し，相互動詞は受身文に用いられないことを示した。そして，一般の他動詞については，英語の受身文は次の二つの制約のどちらかを（あるいはどちらも）満たす場合に適格になると主張した。

(14) 受身文の状態変化制約:
受身文は，動詞が表す事象が，その主語指示物を直接対象としてなされ，その状態に変化や影響を及ぼす場合に適格となる。

(23) 受身文の特徴付け制約:
受身文は，話し手がその主語を特徴／性格付けるときに適格となる。

日本語の直接受身文の適格性を説明するには，第1章で考察したように，(14), (23) の制約に加えて，受身文の利害表明制約が必要であるが，英語では，受身文の適格性を説明するのにこの制約は必要ではなく，被害や迷惑の意味はむしろ have を用いた構文で示されるのが一般的であることにも言及した。

さらに，英語の受身文には純粋な自動詞も用いられることを示し，このような自動詞の受身文は，(23) の特徴付け制約を満たす場合に適格となることを示した。そして，「熟語」表現の受身文は，他動詞の受身文と同様に，(14) の状態変化制約か (23) の特徴付け制約を満たす場合に適格となることを示した。[4]

---

[4] 本章での考察に関連する文献に興味のある方は，次のような文献やそこであげられている文献を参照されたい。高見 (1995: 第1章)，高見・久野 (2002: 第4章)，久野・高見 (2005: 第2-4章)，影山(編) (2009: 第3, 4章)。

第 4 章

日本語の使役文
――「太郎を体当たりで倒れさせた」とはなぜ言えないか――

1. はじめに

平成22年1月の大相撲初場所で優勝した横綱朝青龍は，その場所中に暴行事件を起こしたとして，急遽2月に引退となった。それまで優勝を競ってきたもうひとりの横綱白鵬は，この突然の出来事に対して涙を流しながら次のように語った。

(1) 自分を燃えさせてくれる横綱が，突然いなくなって残念です。

(1)は，何ら問題のない完璧な日本語であるが，この文の主語を補うと，次のようになる。

(2) 私は，[自分を燃えさせてくれる横綱が突然いなくなって]残念です。

括弧で囲った副詞節の動詞「いなくなった」の主語は，「自分を燃えさせてくれる横綱」であるが，これを普通の文に直すと次のようになる。

(3) 横綱は自分を燃えさせてくれる。

(3)の下線部「燃えさせてくれる」は，「燃える」という自動詞に使役を表す助動詞「—させる」がついて，「燃えさせる」となり，これに利益を表す補助動詞「—くれる」がついて，「燃えさせてくれる」となったものである。

自動詞「燃える」を使役表現の「燃えさせる」にし，その目的語を入れて「自分を燃えさせる」にし，それに「—くれる」をつけて「自分を燃えさせてくれる」とし，これを「横綱」の修飾要素にして「自分を燃えさせてくれる横綱」とする。そして，これを主語にして「自分を燃えさせてくれる横綱が」として，述語の

「いなくなった」をつけ，この文全体を副詞節にして，「(私は) 残念です」の理由とする。このようにして (1) の文が出来上がっており，さらに，(1) の「燃える」は，物理的な「物に火がついて炎が上がる」という意味ではなく，比喩的な「感情や情熱が高まる」という意味で用いられている。この文法的にも意味的にも「高度な」日本語を，日本人ならともかく，モンゴル出身の力士が瞬時に話せるのは，見事なものだと思われる。

さて，「燃える」という自動詞には，「燃やす」という他動詞がある。さらに日本語では，使役を表す助動詞に「—さす」と「—させる」があるので，この点を表にすると次のようになる。

(4)

自動詞	他動詞	「—さす」使役	「—させる」使役
燃える	燃やす	燃えさす	燃えさせる

他動詞「燃やす」も，あるものを燃えるようにする<u>過程</u>(たとえば，マッチをすって火をつける過程) と，その燃やそうとしたものが実際に燃えるという<u>出来事</u>の両方の意味を含んでいるので，使役表現のひとつと見なすことができる (第5節参照)。ここで，白鵬は (1) において，(4) の「燃やす」，「燃えさす」，「燃えさせる」の三つの使役表現のうち，他動詞の「燃やす」でも「—さす」使役の「燃えさす」でもなく，「—させる」使役の「燃えさせる」を使っている。実際，(1) で「燃やす」や「燃えさす」を用いると，次に示すように，まったく不適格であったり，多少の不自然さを伴う。

(5) a. *自分を<u>燃やして</u>くれる横綱が，突然いなくなって残念です。[他動詞]

b. ?自分を燃えさしてくれる横綱が，突然いなくなって
　　　 残念です。[—さす使役]

　他動詞や「—さす」使役,「—させる」使役はどのような場合に用いられるのだろうか。そして，これらはどのように使い分けられているのだろうか。本章では，日本語の使役表現に焦点を当て，このような問題を考えてみたい。

2. 使役表現の意味 (1)

　まず，次の文から考えてみよう。

　(6)　母親は子供に水を飲ませた。

(6) は，母親が子供に水を飲むよう仕向け，その結果，子供が水を飲んだことを表す使役文である。そして「飲ませた」は，他動詞「(水を) 飲む」に使役を表す助動詞「—させる」がついて「飲ませる」となり，その「飲ませる」が過去形になったものである。[1] ここで，(6) の使役文で，母親が子供にどのような関わり方をして水を飲ませたかを考えてみると，いくつかの場合が考えられる。まず，子供は水など飲みたくなかったのに，母親が強制的に飲ませた場合である。このような「強制」を表す使役の意味は，次のような文で顕著に見られる。

　(7)　「強制」使役：
　　a.　母親は，嫌がる子供に苦い薬を飲ませた。

---

[1]「飲む」に「—させる」がついて「飲ませる」となる過程は次のとおりで，子音連続のため，-s が落ちることに注意されたい (序章の (6) を参照)。
　(i)　nom-sase-ru　⇒　nom-ase-ru「飲ませる」

b. 母親は，子供に嫌いな人参を食べさせた。
　　c. 上司は，新入社員に無理やりお酒を飲ませた。

これらの文では，「嫌がる，苦い薬，嫌いな，無理やり」という表現から，子供が薬を飲んだり，人参を食べたり，新入社員がお酒を飲んだりするのを嫌がっており，それにもかかわらず，母親や上司が子供や新入社員に強制的にそうさせたことが分かる。

　(6) が用いられる二つ目の場合として，子供は水を飲みたくなかったが，母親が子供に水は身体や健康にいいと説得して，子供が水を飲む場合もある。このような「説得」を表す使役の意味は，次のような文で顕著に見られる。

　(8) 「説得」使役：
　　a. 妻は，尿酸値の高い夫に毎日1リットルの水を飲ませた。
　　b. 妻は，お酒は身体に悪いからと，夫に酒をやめさせた。
　　c. 母親は，オモチャを買ってあげるからと言って，子供をお使いに行かせた。

これらの文では，下線を付した表現から，夫が水を飲んだり，酒をやめたり，子供がお使いに行くのを嫌がっていたものの，妻や母親が夫や子供にそうすれば身体によかったり，利益になるからと説得してそうさせたことが分かる。

　(6) が用いられる三つ目の場合として，「母親」と「子供」という親子関係から，母親が子供にあることをしなさいと指示さえすれば，子供はそれを当然のこととしてする場合が考えられる。たとえば，親子で山登りをしている途中，みんな喉が渇いたので，母親が子供に水を飲むように言い，子供がそうするような場合で

ある。このような「人間関係に基づく指示」を表す使役の意味は，次のような文で顕著に見られる。

(9) 「人間関係に基づく指示」使役：
    a. 母親は，子供に夕飯前には遊びから帰らせた。
    b. 先生は，学生に学年末のレポートを書かせた。
    c. 医者は，患者に朝昼晩と3回体温を測らせた。

これらの文では，母親と子供，先生と学生，医者と患者という人間関係から，母親，先生，医者が，それぞれ子供，学生，患者に，夕飯前に帰宅したり，レポートを書いたり，体温を測るよう指示して，子供や学生，患者は，その指示に当然のこととして従ったことが分かる。

(6) が用いられる最後の場合として，子供が水を飲みたかったのを，母親が「飲んでいいよ」と言って許容したり，何も言わないで放任したりして，子供が水を飲んだ場合が考えられる。この「許容・放任」を表す使役の意味は，次のような文で顕著である。

(10) 「許容・放任」使役：
    a. そんなにお酒が飲みたいのなら，一杯だけ飲ませてあげます。
    b. 母親はレストランで子供に希望どおり，大好きなハンバーグを食べさせた。
    c. 父は息子に，もう何を言っても無駄だったので，好きなようにさせた。

(10a, b) では，下線を付した表現から，聞き手がお酒を飲みたいのを話し手が許可して飲ませたり，子供がハンバーグを食べたいのを母親が承認して食べさせたことが分かる。また (10c) で

は，下線を付した表現から，父親が息子を放任し，その結果，息子が好きなようにしたことが分かる。[2]

　以上四つの場合に共通する事柄は，ある人が何かをする（たとえば，子供が水を飲む）際に，その人が勝手にそうしたと述べる（たとえば，「子供が水を飲んだ」）のではなく，別の誰か（たとえば，母親）が，強制，説得，指示，許容・放任など，何らかの形で関わり，その結果として当該の事象が生じたと述べている点である。つまり使役文は，当該の事象を単独で述べるのではなく，その事象を生じさせた人（や物）を「使役主」として主語に立て，動詞に「―さす／させる」をつけて，次のように表現するものである。

(11)　<u>母親は</u>［子供<u>が</u>水を<u>飲む</u>］―させた
　　　使役主　　⇩　　　　　⇩
　　　　　　　　に　　　　飲ませた
　　　　　　　　　⇩
　　　　　　母親は子供に水を<u>飲ませた</u>。（= (6)）

　これを，次の (12a, b) の文を用いて (13) のように図示しよう。

(12) a.　子供が水を全部飲んだ。［単独の他動詞文］
　　 b.　<u>母親は</u>，子供<u>に</u>水を全部<u>飲ませた</u>。［使役文］

---

[2] 柴谷 (1978: 310) は，使役の状況を「誘発使役」と「許容使役」の二つに分けている。誘発使役とは，「ある事象が使役者の誘発がなければ起こらなかったが，使役者の誘発があったので起こったという状況を指す」。一方，許容使役とは，「ある事象が起こる状態にあって，許容者はこれを妨げることが出来たが，許容者の妨げが控えられ，その結果その事象が起こったという状況を指す」。本節で述べた「強制，説得，人間関係に基づく指示」使役は誘発使役に相当し，「許容・放任」使役は許容使役に相当する。

(13) 「子供が水を全部飲んだ」
（=(12a)）

⇑ 強制／説得／指示／許容・放任

母

「母親は，子供に水を全部飲ませた」（=(12b)）

(13) の図を見ていると，面白いことに気がつく。(13) では，母親が子供に強制や許容など，何らかの形で関わって，「子供が水を全部飲んだ」という事象が生じたのであるが，この逆の関係，つまり，子供が水を全部飲んだことによって，母親が被害や迷惑を被った場合は，第2章で考察した間接受身文を用いて次の (14b) のように表現される。

(14) a. 子供が水を全部飲んだ。[単独の他動詞文]（=(12a)）
　　　b. 母親は，子供に水を全部飲まれた。[間接受身文]

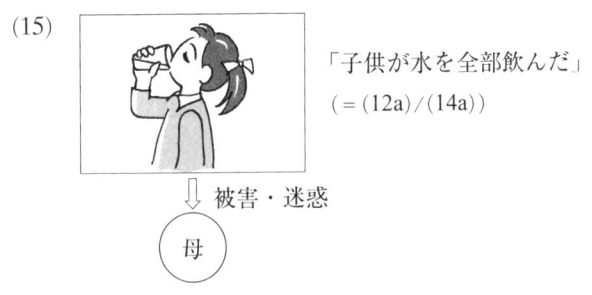

(15) 「子供が水を全部飲んだ」
（=(12a)／(14a)）

⇓ 被害・迷惑

母

「母親は，子供に水を全部飲まれた」（=(14b)）

使役文と間接受身文は，(13) と (15) の図から分かるように，「子供が水を全部飲んだ」というような単独の事象を引き起こし

たり，その事象で影響を受けた人を明示する点で共通している。そして両者の違いは，形の上では，「飲ませた」と「飲まれた」の一字違いであり，意味の上では，主語の「母親」等が，その事象を引き起こした使役主か，あるいはその事象により被害・迷惑を受けた人かの違いである。[3]

3. 使役表現の意味 (2)

前節では，「母親は子供に水を飲ませた」のように，使役主の「母親」も被使役主の「子供」も，ともに人間の場合を考察したが，使役文には次のように，使役主がある事象や物などの無生物で，それが原因となって当該事象が生じることを表すものもある。このような使役を便宜上，「原因」使役と呼ぼう。

(16) 「原因」使役:
    a. 医者の不注意な一言が，患者をがっかりさせた／絶望させた。
    b. 子供が誕生日に作ってくれた「腰もみ無料券」が，私をとても喜ばせた。
    c. 梅雨がカビを生えさせた。
    d. 市役所が市民に避難勧告を出すのが遅かったことが，被害をこんなにも広がらせたのです。

---

[3] 日本語ではさらに，当該の事象により，ある人が被害や迷惑ではなく，逆の利益や恩恵を受ける場合に，次のような「～てもらう」構文が用いられる。
  (i) 母親は，子供に水を全部飲んでもらった。
この「～てもらう」構文に関しては，高見・久野 (2002: 第6章) を参照されたい。また，使役文と間接受身文の並行性については，寺村 (1982: 289-290) を参照されたい。

(16a-d) では，使役主はいずれも無生物で，被使役主は，(16a, b) では人間（「患者，私」）で，(16c, d) では無生物（「カビ，被害」）である。そして，いずれの例でも，無生物の使役主が原因となって当該の事象が生じたことが述べられている。

さらに使役文には，形の上では「—させる」という使役形であるが，「他者にあることをさせる」という純粋な使役用法ではなく，主語（や話し手）にとって好ましくない事態が生じたことに対して，その事態の発生を食い止められなかった責任を主語が感じているという点を表すものもある。次のような文がこの場合に当たり，これらを便宜上，「責任」使役と呼ぼう。

(17) 「責任」使役：
  a. 私は自分の不注意で，子供に風邪を引かせてしまった。
  b. その人は，奥さんを事故で死なせたことで悩んでいる。
  c. 私は山道で足をすべらせ，転んでしまった。
  d. 母は，霜で畑の野菜を凍てつかせてしまった。
  e. 社長は不景気で，会社を倒産させてしまった。

これらの文は，主語の「私，その人，母，社長」が，子供が風邪を引いたり，奥さんが事故で亡くなったり，足がすべったり，野菜が凍てついたり，会社が倒産したという，好ましくない事態を引き起こしたのが，自分のせいであり，その責任を感じているという意味合いを持っている。

ここで，「原因」使役と「責任」使役を，(16a) と (17a) をもとに図示しておこう。

(18) a. 患者ががっかりした。

b. 医者の不注意な一言が，患者をがっかりさせた。(cf. (16a))

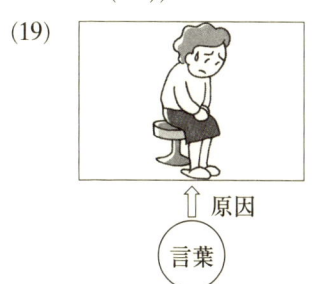

(19) 「患者ががっかりした」(=(18a))

⇧ 原因

⓪ 言葉

「医者の不注意な一言が，患者をがっかりさせた」(=(18b))

(20) a. 子供が風邪を引いてしまった。
b. 私は自分の不注意で，子供に風邪を引かせてしまった。(=(17a))

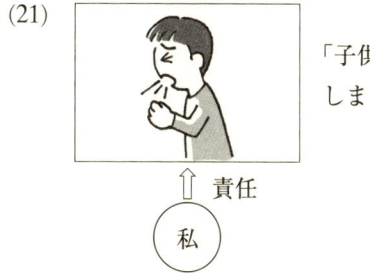

(21) 「子供が風邪を引いてしまった」(=(20a))

⇧ 責任

⓪ 私

「私は自分の不注意で，子供に風邪を引かせてしまった」(=(17a)/(20b))

　前節の(13)の図と上の(19)，(21)の図を見ると，その共通点は明らかである。すなわち，使役文はどのタイプでも，ある出来事や事象が起こったことのみを述べるのではなく，その出来事や事象を生じさせた(と感じる)人や物を使役主として主語に立て

て表現するものである。また，前節での「強制／説得／指示／許容・放任」使役と本節での「原因／責任」使役の違いは，主語の意図性があるかないかである。前者の使役では，主語（人間）が，当該事象を生じさせる際に，強制，説得，指示，許容・放任のどの形で被使役主に関わるにせよ，すべて<u>意図的に</u>関わっている。つまり，主語の使役主は，当該事象を意図的に生じさせている。一方，後者の使役では，主語の無生物や人間が，被使役主に意図的には関わっておらず，当該の事象が生じる原因であったり，それが生じた責任を感じているのみである。つまり，主語の「使役主」は，当該事象を意図的には生じさせていない。この点を次のようにまとめておこう。[4]

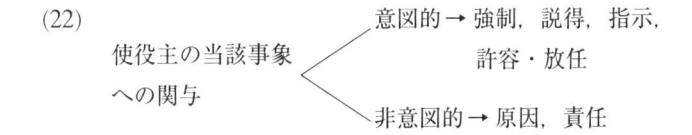

(22)　　　　　　　　　　意図的 → 強制，説得，指示，
　　　使役主の当該事象　　　　　　　　許容・放任
　　　　への関与
　　　　　　　　　　　　非意図的 → 原因，責任

4.「を」使役と「に」使役

使役文には，被使役主が「を」でマークされる「を」使役と，「に」でマークされる「に」使役とがある。

(23) a.　コーチは選手<u>を</u>走らせた。
　　 b.　コーチは選手<u>に</u>走らせた。

---

[4] 使役表現には，本文で考察したもの以外に，被使役主が使役主の一部（身体の部位や機能）の関係にある次のようなものもあるが，このような表現に関しては庵他（2001: 130-132）を参照。

(i) a.　<u>僕</u>はその問題で<u>頭</u>を悩ませている。
　　b.　<u>花子</u>は<u>声</u>を弾ませてやってきた。
　　c.　<u>水芭蕉</u>は，この辺りでは5月に<u>花</u>を咲かせます。

(23a) は，被使役主の「選手」が「を」でマークされており，(23b) は，それが「に」でマークされており，ともに自然な日本語である。ただ，このように被使役主が「を」でも「に」でもマークされるのは，「選手が走った」という当該事象（以下，「被使役事象」と呼ぼう）が自動詞文で表される場合のみであり，次の (24a) のような他動詞文で表される被使役事象の場合は，被使役主は「に」でマークされ，「を」でマークすることはできない。

(24) a.　娘がピアノを弾いた。[他動詞文]
　　 b.　父は娘にピアノを弾かせた。[「に」使役]
　　 c.　*父は娘をピアノを弾かせた。[「を」使役]

(24a) のような他動詞文では，目的語の「ピアノ」が「を」でマークされるため，(24c) のように被使役主をさらに「を」でマークすると，「を」が二つ重なり，不自然になる。日本語学では，このような「を」の重複は，「二重『ヲ』格制約」と呼ばれて排除され，他動詞文が被使役事象になると，被使役主は (24b) のように，「に」でのみマークされる。

さて，それでは (23a, b) で，被使役主が「を」でマークされる場合と「に」でマークされる場合で，意味の違いはあるのだろうか。この点に関して，「を」使役は，使役主が被使役主の意志を無視して，強制的に強いたり，使役主が直接手を下して引き起こす事象を表す傾向が強く，一方，「に」使役は，使役主が被使役主の意志を尊重し，被使役主が意図的に行う事象を表す傾向が強いことが指摘されている（柴谷 (1978)，寺村 (1982) 等を参照）。そのため，たとえば次の 2 文では，その意味に若干の違いが感じられる。

(25) a.　母親は，子供を夕飯前には遊びから帰らせた。

  b. 母親は，子供に夕飯前には遊びから帰らせた。
   (＝(9a))

(25a) の母親は，子供を帰宅させるために大きな声で呼ぶとか，外に探しに行くとかして，子供を強制的に帰らせていると感じられる。一方 (25b) では，子供が夕飯前に帰るのは，母親と子供との約束事で，子供が自らの意志で帰宅していると感じられる。

 さらに次の文では，使役主の「強盗」が強制的に家の人に静かにするよう強いているため，判断は微妙であるが，「を」使役のほうが自然に感じられる。

(26) a. 強盗はピストルを突きつけて，家の人を静かにさせた。
  b. ?強盗はピストルを突きつけて，家の人に静かにさせた。

さらに次のような文では，「を」使役は適格であるが，「に」使役はまったく用いられない不適格文である。

(27) a. 太郎がまた悪いことをして，花子を泣かせた。
  b. *太郎がまた悪いことをして，花子に泣かせた。
(28) a. 学生たちはプレゼントを用意して，先生を驚かせた。
  b. *学生たちはプレゼントを用意して，先生に驚かせた。
(29) a. その人は，奥さんを事故で死なせたことで悩んでいる。(＝(17b))
  b. *その人は，奥さんに事故で死なせたことで悩んでいる。

人が泣いたり，驚いたり，死んだりするのは，その人の意図的な行為ではなく，このような事象は，使役主の太郎や学生たち，事故が一方的に引き起こす事象である。よって，(27)-(29) の (a) の「を」使役は適格であるが，(b) の「に」使役は不適格である。

さらに，次のような文では被使役主が無生物であり，このような場合も，「を」使役のみ可能である。

(30) a.　太郎は風船を大きく膨らませた。
　　 b. *太郎は風船に大きく膨らませた。
(31) a.　梅雨がカビを生えさせた。(= (16c))
　　 b. *梅雨がカビに生えさせた。

風船やカビは無生物であり，自らの意志を持たないので，自ら膨らんだり，自ら生えたりはしない。むしろ，太郎が自分の力で風船を膨らませたり，梅雨の湿気が原因でカビが生えている。よって，(30), (31) の (a) の「を」使役は適格であるが，(b) の「に」使役は不適格である。

5. 使役表現の形 (1)——語彙的使役と迂言的使役——

これまで使役表現として，自動詞や他動詞に「—させる」がついた表現ばかりを取り上げてきたが，他動詞の中には，それ自体で使役過程とその結果生じる出来事の両方を表すものがある。次の例と図を見てみよう。

(32)　子供が寝た。[自動詞文]
(33) a.　お母さんは，子供を寝かした／寝かせた。[他動詞文]
　　 b.　お母さんは，子供を寝させた。[—させる使役文]

(34) 「子供が寝た」(=(32))

⇧ 子供を寝るようにする使役過程

母

a. 「お母さんは,子供を寝かした／寝かせた」(=(33a))
b. 「お母さんは,子供を寝させた」(=(33b))

(33a) の「寝かした／寝かせた」は,それぞれ「寝かす／寝かせる」という他動詞の過去形であり,(32b) の「寝させた」は,自動詞「寝る」の語幹 ne- に,「―させる」(-sase-ru) がついて「寝させる」となり,それが過去形になったものである。「寝かせる」と「寝させる」は,「か」と「さ」が一字違うだけであるが,前者は他動詞であり,一方,後者は自動詞「寝る」に助動詞「―させる」がついた使役形であるという点で,違っている。

ここで,(33a) の他動詞文も (33b) の「―させる」使役文も,(34) の図に示したように,お母さんが子供を寝るようにし,その結果,子供が寝たことを述べている。つまり,(33a) の他動詞「寝かした／寝かせた」は,(33b) の使役形「寝させた」と同様に,お母さんが子供に対して寝るようにする使役過程と,その結果,子供が寝るという出来事の両方を含んでおり,その点で,このような他動詞は使役表現であると言える。このように,他動詞の中には,使役過程とその結果生じる出来事の両方を含むものがあり,そのような他動詞として,次のようなものがあげられる。

(35) 止める,開ける,殺す,割る,切る,立てる,集める,広げる,消す,焼く,出す,落とす,...

このような他動詞は，主語が行う使役過程と，その結果生じる出来事の両方がその動詞（「語彙」）の中に含まれているので，「語彙的使役動詞」(lexical causative verbs) と呼ばれる。これに対し，これまで観察したように，ある出来事を表す自動詞や他動詞に使役を表す助動詞「―させる」をつけた使役動詞は，「迂言的使役動詞」(periphrastic causative verbs) と呼ばれる（「迂言的」とは，直接的でなく，遠回しな回りくどい言い方をするという意味）。

6. 使役表現の形 (2)——「―さす」使役と「―させる」使役——

迂言的使役動詞には，自動詞や他動詞に使役を表す助動詞「―させる」ではなく，「―さす」をつける形もある。ただ，学校文法では，「―させる」だけが教えられ，国語辞典でも，「―させる」のみがあげられており，「―さす」使役は，共通語や書き言葉では，「―させる」使役ほどには用いられない。しかし，関西地方の話し言葉では広く用いられる形である。次の例を見てみよう。

(36) a. 家内はいっこも酒飲ましてくれへん。
 (cf. 家内は少しも酒を飲ませてくれない。)
 b. うまいもん，食わしたろか？
 (cf. 美味しいものを食べさせてあげようか？)

(36a, b) は関西弁で，動詞の部分は，他動詞「飲む」(nom-u) と「食う」(kuw-u) に使役の助動詞「―さす」(-sas-u) がついて，「飲ます」，「食わす」となり，それが活用したものである。ここで，「飲む」(nom-u) や「食う」(kuw-u) は，語幹が子音で終わるため，「―さす」がつくと，次のように子音の重複があるため，後ろの子音 -s が落ちることに注意しよう（序章の (6) を参照）。

(37) a.　nom-sas-u　⇒　nom-as-u　「飲ます」
　　 b.　kuw-sas-u　⇒　kuw-as-u　「食わす」

　寺村 (1982: 285) は，「―さす」(-sas-u) は，「―させる」(-sase-ru) の e- が落ちて，つづまった「短縮形」であると考えている。つまり，次のように，まず e- が落ち，その結果，子音の重複が生じるので，後ろの子音 -r が落ちて，-sas-u となったものである。

(38)　-sase-ru　⇒　-sas-ru　⇒　-sas-u

また松下 (1930) は，「―さす」を「西部」の方言とし，「飲ませる，食べさせる」等の形を「正統の東京語」としながらも，東京に地方の人たちが多く移住した結果，一般に広がったものとしている。

　「―さす」使役形はもちろん，次に示すように，「―させる」使役形とともに，関西方言だけでなく，共通語でも一般に用いられる（ただ，「―さす」使役は口語調の響きがある）。

(39) a.　遅刻した生徒を廊下に立たすなんて，今どき信じられない先生ですね。
　　 b.　遅刻した生徒を廊下に立たせるなんて，今どき信じられない先生ですね。
(40) a.　集まりたい奴には集まらしておけ。
　　 b.　集まりたい奴には集まらせておけ。
(41) a.　お母さんは，赤ちゃんにミルクを飲ましてから，自分の食事をした。
　　 b.　お母さんは，赤ちゃんにミルクを飲ませてから，自分の食事をした。
(42) a.　あそこは，故郷の田舎料理を食べさす，とってもい

いお店です。

b. あそこは、故郷の田舎料理を食べさせる、とってもいいお店です。

(43) a. 息子に留学の夢を諦めさすのは、親として不憫だ。

b. 息子に留学の夢を諦めさせるのは、親として不憫だ。

(39)の「立たす／立たせる」と(40)の「集まらす／集まらせる」は、自動詞の「立つ」と「集まる」に「―さす／させる」がついた形であり、(41)-(43)の「飲ます／飲ませる」、「食べさす／食べさせる」、「諦めさす／諦めさせる」は、他動詞の「飲む」、「食べる」、「諦める」にそれぞれ「―さす／させる」がついた形である。そして、これらの文はすべて適格と判断される。

ただ、「―さす」使役が「―させる」使役とまったく同様に用いられるかというと、そうではなく、次のように「立たした」や「飲ました」で文を打ち切ると、端折ったぞんざいな表現のように聞こえ、方言的な口語調の響きが感じられ、多くの話し手が多少の不自然さを感じる。

(44) a. (?)/?先生は、遅刻した生徒を廊下に立たした。(cf. (39a))

b. 　　先生は、遅刻した生徒を廊下に立たせた。

(45) a. (?)/?お母さんは、赤ちゃんにミルクを飲ました。(cf. (41a))

b. 　　お母さんは、赤ちゃんにミルクを飲ませた。

(46) a. (?)/?子供たちに故郷の田舎料理を食べさした。(cf. (42a))

b. 　　子供たちに故郷の田舎料理を食べさせた。

(47) a. (?)/?息子に留学の夢を諦めさした。(cf. (43a))

b. 　　息子に留学の夢を諦めさせた。

「─さす」使役に関して，(39)–(43) の (a) と (44)–(47) の (a) の適格性の違いから，「立たす／飲ます／食べさす」のような終止形表現は一般に用いられるが，これらを「立たした／飲ました／食べさした」のように過去形にして，そこで言い切ってしまうと，口語調でぞんざいな感じがあり，多少不自然になると言える。[5] そして，「集まらして…／飲ましてから…」のような連用形にしたり，「飲まさないで…」のように未然形にして，その後を続けると，適格性判断に揺れがあるものの，適格性が高くなり，まったく問題のない自然な文だと判断する話し手が多くなる。

(48) a. (?)先生は，遅刻した生徒を廊下に立たして，反省しなさいと言った。
　　 b. (?)子供たちに故郷の田舎料理を食べさして，父は昔を懐かしんだ。
　　 c. (?)新入社員にあまりお酒を飲まさないで下さい。
　　　　(cf. 新入社員にあまりお酒を飲ませないで下さい。)

---

[5] 関西では，(44)–(47) の (a) を (39)–(43) の (a) とほぼ同程度に適格であると判断する話し手が多い。関西のある大学の学生 17 名は，両者に際立った適格性の違いはなく，ほぼ全員が両者とも（ほぼ）自然な表現であると判断している（上田功氏の私信による）。さらに，(44)–(47) の (a) は，文末に「んだ」をつけると適格性が高くなり，また，「立たしたんや／で」のように，語尾を関西方言化して，「ハ」を脱落させると，関西方言としてはまったく適格である（この指摘は，三原健一氏に負っている）。
　(i) a. (?)先生は，遅刻した生徒を廊下に立たしたんだ。
　　　b. (?)子供たちに故郷の田舎料理を食べさしたんだ。
　(ii) a.　先生，遅刻した生徒を廊下に立たしたんや／で。
　　　b.　お母さん，赤ちゃんにミルクを飲ましたんや／で。

ただ、このような「―さす」使役文の判断は、話し手や方言によって揺れがあり、共通語の書き言葉としては、「―させる」使役が一般的であると言える。[6]

7. 語彙的使役（他動詞）と迂言的使役の意味の違い

第5節と第6節で、使役表現の形には、他動詞の語彙的使役と動詞に「―さす／させる」をつけた迂言的使役があることを観察したが、語彙的使役と迂言的使役は、その表す意味に違いがあるのだろうか。本節ではこの問題を考えたい。

私たちは第5節で、次の (33a) は他動詞文（語彙的使役文）なのに対し、(33b) は、「寝る」に「―させる」がついた迂言的使役文であることを観察した。[7]

(33) a. お母さんは、子供を寝かした／寝かせた。［他動詞文］
　　 b. お母さんは、子供を寝させた。［―させる使役文］

ここで、(33a) の「寝かす／寝かせる」と (33b) の「寝させる」

---

[6] 「―さす」使役で適格な (39)–(43) の (a) と若干の不自然さを伴う (44)–(47) の (a) の類例として、以下の例も参照されたい。
　(i) a. 　その会で子供にピアノを弾かすなんて、信じられない。
　　　b. (?)/?その会で子供にピアノを弾かした。
　(ii) a. 　子供にそんな服を着さすなんて、恥ずかしくないのか。
　　　b. (?)/?花子は子供に真っ赤なTシャツを着さした。
　(iii) a. 　子供にそんな細かな絵を描かすのは、やめたほうがいい。
　　　b. (?)/?先生は子供たちに風景画を描かした。

[7] もちろん、もう一つの迂言的使役文は、「寝る」に「―さす」がついた次の形であるが、第6節で議論したように、共通語の話し手の中には、この形が関西方言的で、若干不自然だと判断する人がいるので、ここでは扱わないことにする。
　(i) (?)お母さんは、子供を寝さした。

は，意味が違うのだろうか。あるいは，形が違うだけで，「誰かを寝るようにする」という同じ意味を表すのだろうか。

この問題に答えるために，まず次の例を考えてみよう。

(49) a. 救助隊員は，意識のない負傷者をベッドに寝かした／寝かせた。［他動詞文］
b. *救助隊員は，意識のない負傷者をベッドに寝させた。［―させる使役文］

(49a) の他動詞文はまったく自然であるが，(49b) の「―させる」使役文は極めて不自然で，容認されない。一体どうしてこのような違いがあるのだろうか。(49a, b) では，負傷者は意識がないため，自らの意志や力でベッドに寝ることができない。そのため，負傷者がベッドに横たわるという事態は，救助隊員が負傷者を抱きかかえてベッドに移すというように，救助隊員が一方的に，自らの力で引き起こしたものである。したがって，主語の指示物（＝使役主の「救助隊員」）が自らの力で一方的に引き起こす場合は，他動詞「寝かす／寝かせる」が用いられ，「―させる」使役の「寝させる」は用いられないことが分かる。

それでは，「―させる」使役形はどのような場合に用いられるのだろうか。次の例を考えてみよう。

(50) a. 保健の先生は，頭が痛いと言って保健室にやってきた生徒をベッドに寝かした／寝かせた。［他動詞文］
b. 保健の先生は，頭が痛いと言って保健室にやってきた生徒をベッドに寝させた。［―させる使役文］

興味深いことに，今度は他動詞形の「寝かした／寝かせた」も「―させる」使役の「寝させた」も自然で，(50a, b) はともに適格である。ただ，他動詞形の「寝かした／寝かせた」が用いられた

(50a) では，生徒がまだ小さかったり，今にも倒れそうな状態だったのを，保健の先生がその生徒を抱きかかえてベッドに横たわらせたり，あるいは，生徒がベッドに横たわるのを先生が手伝って横たわらせたという響きがある。つまり，生徒が自らの力で，ひとりで横たわったのではなく，保健の先生が手助けをして，生徒がベッドに横たわるのを引き起こしたと解釈される。

これに対して (50b) では，頭が痛いと言って保健室にやってきた生徒は，通例，自らの意志や力でベッドに横たわることができる。そのため (50b) では，「保健の先生」がその生徒に，たとえば，「それではしばらくベッドで寝ておきなさい」とだけ言い，生徒が自らの意志や力でベッドに横たわって寝たと解釈される。したがって，「―させる」使役形は，主語指示物（使役主）が目的語指示物（被使役主）に口頭で指示するなどだけして，後者の目的語指示物が，自らの意志や力で当該の事態を引き起こす場合に用いられることが分かる。

上記の点を暫定的に次のようにまとめておこう。

(51)

	形	意　　味
他動詞	語彙的使役	主語指示物が自らの意志や力で一方的に引き起こす事態を表す。
「―させる」（および「―さす」）使役	迂言的使役	主語指示物は目的語指示物に指示などだけして，目的語指示物が自らの意志や力で引き起こす事態を表す。

語彙的使役動詞は他動詞であり，迂言的使役動詞は，自動詞や他動詞に助動詞の「―さす」や「―させる」をつけた形なので，

この両者の区別は，形の上からの区別である。一方，意味の上からの区別として，語彙的使役動詞は，主語指示物自らの意志や力で一方的に引き起こす事態を表すのに対し，迂言的使役動詞は，主語指示物が目的語指示物に指示などだけをして，当該の事態は目的語指示物が自らの意志や力で引き起こすという違いがある。

上記の意味の違いは，他の語彙的使役動詞と迂言的使役動詞にも当てはまる。たとえば，自動詞の「倒れる」には，「倒す」という他動詞があり，さらに「─さす／させる」をつけた「倒れさす／倒れさせる」という使役形がある。しかし，両者は同じ意味ではなく，次のような文脈に入れると適格性に違いがあり，意味が異なっていることが分かる（第6節で述べたように，「─さす」使役を若干不自然と感じる話し手がいるため，「─さす」使役は除く）。

(52) a. 私は体当たりをして，その男を倒した。[他動詞形]
　　 b. *私は体当たりをして，その男を倒れさせた。[使役形]
(53) a. *監督は，その映画俳優を打ち合わせどおり，その場面で倒した。[他動詞形]
　　 b. 監督は，その映画俳優を打ち合わせどおり，その場面で倒れさせた。[使役形]

(52a, b) では，「倒した」は自然であるが，「倒れさせた」は不自然である。一方 (53a, b) では逆に，「倒した」は不自然で，「倒れさせた」が自然である。これはなぜだろうか。

(52a, b) では，話し手がその男に体当たりをして，その男の倒れるという事態を自ら引き起こしているのであり，その男が自らの意志で倒れたわけではない。このような場合，他動詞の「倒した」は適格であるが，使役形の「倒れさせた」は不適格である。一方 (53a, b) では，監督と映画俳優が打ち合わせをし，合意のもとで映画俳優が倒れている。言い換えれば，監督はその映画俳

優が倒れるのを一方的に引き起こしたのではなく，その映画俳優が打ち合わせに従い，自らの意志で倒れている。このような場合，他動詞の「倒した」は不適格であり，使役形の「倒れさせた」が適格となる。

同様のことが，次のような例でも観察される。

(54) a.　店長は，マネキンをショーウインドーに立てた。
[他動詞形]
　　 b.　*店長は，マネキンをショーウインドーに立たせた。
[使役形]
(55) a.　*店長は，モデルをショーウインドーに立てた。
[他動詞形]
　　 b.　店長は，モデルをショーウインドーに立たせた。
[使役形]

自動詞の「立つ」には，「立てる」という他動詞があり，さらに「立たせる」(および「立たす」)という使役形がある。(54a, b) では，マネキンに自らの意志がないため，自らショーウインドーに立つことができない。そのため店長が，マネキンをショーウインドーに持って行き，自らの力でマネキンを立つようにしている。この場合，(52a, b) と同様に，他動詞の「立てた」は適格であるが，使役形の「立たせた」は不適格である。一方 (55a, b) では，モデルは自らショーウインドーに立つことができるので，店長はモデルに，たとえば「ショーウインドーに立って下さい」というだけでよく，モデル自身が自らの意志でショーウインドーに立っている。この場合，他動詞の「立てた」は不適格で，使役形の「立たせた」が適格となる。

これで，(51) でまとめたことが確認できたので，これまで観察した事柄を次のように述べて，一般化しておこう。

(56) 他動詞は，主語指示物が自らの意志や力で当該事象を引き起こすことを表すのに対し，使役形は，主語指示物（＝使役主）が目的語指示物（＝被使役主）に指示などするだけで，後者が自らの意志や力で当該事象を引き起こすことを表す。

以上の観察から，無生物は自らの意志を持たず，そのため自らの意志で何かを行うことはないので，他動詞の目的語としては用いられるが，「―さす／させる」使役形の被使役主としては用いられないことになる。次の例を見てみよう。

(57) a. 皿を割る［他動詞形］
  b. *皿を割れさす／割れさせる［使役形］
(58) a. ドアを開ける［他動詞形］
  b. *ドアを開かす／開かせる［使役形］
(59) a. 恋人の肩に手を回す［他動詞形］
  b. *恋人の肩に手を回らす／回らせる［使役形］
(60) a. 先生は，答案用紙を集めた。［他動詞形］
  b. *先生は，答案用紙を集まらした／集まらせた。
［使役形］

皿やドアには自らの力や意志がないので，自ら割れたり，開いたりすることはない。また，人の手は，その人が自分の意志で動かすのであって，手自体が勝手に動くわけではないので，他人の肩に勝手に回ることはできない。同様に，答案用紙が自らの力や意志で集まることもない。皿が割れたり，ドアが開いたり，手が他人の肩に回ったり，答案用紙が集まるようになるのは，すべて人が，その人の意志と力で引き起こすものである。そのため，(56)の一般化が示すように，(57)-(60)では，(a)の他動詞形が適格

で，(b) の使役形は不適格である。つまり，無生物は，使役形を用いた文の被使役主にはなれないのである（ただし，次節の議論を参照）。

上記の点は重要なので，少ししくどく感じられるかも知れないが，以下の例も追加しておこう。

(61) a. 新聞を広げる［他動詞形］
　　 b. *新聞を広がらす／広がらせる［使役形］
(62) a. 電気を消す［他動詞形］
　　 b. *電気を消えさす／消えさせる［使役形］
(63) a. 枯れ草を焼く［他動詞形］
　　 b. *枯れ草を焼けさす／焼けさせる［使役形］
(64) a. 定期券を出す［他動詞形］
　　 b. *定期券を出さす／出させる［使役形］
(65) a. シャベルで屋根の雪を落とす［使役形］
　　 b. *シャベルで屋根の雪を落ちさす／落ちさせる
　　　　　　　　　　　　　　　　　　　　　　　［使役形］

たとえば (61) では，新聞は勝手に広がることはなく，人が自らの意志で広げるため，他動詞「広げる」が用いられ，自動詞「広がる」に「―さす／させる」をつけた「広がらす／広がらせる」は用いられない。(62)–(65) でも同様である。

ここで注意しておきたいことは，第 6 節までの議論で示したように，自動詞ではなく，他動詞に「―さす／させる」をつけることは，もちろん可能であるという点である。次の例を見てみよう。

(66) a. *新聞を広がらす／広がらせる［自動詞使役形］(= (61b))

b. 子供に新聞を<u>広げさす</u>／<u>広げさせる</u>［他動詞使役形］

(66b) の「広げさす／広げさせる」は，自動詞「広がる」ではなく，他動詞「広げる」に「―さす／させる」がついたものである。この文はまったく適格であり，子供が新聞を広げるという事象を引き起こすことを意味する。そのため，(64) の「*定期券を出さす／出させる」は，自動詞「出る」に「―さす／させる」がついたものであり，他動詞「出す」に「―さす／させる」がついた「出さす／出させる」であれば，次のようにまったく自然であることに注意しておこう。

(67) 駅員が，太郎に定期券を出さす／出させる。

さて，無生物は自らの意志を持たないので，使役形の被使役主としては用いられないことを上で述べたが，次例では，「プラスチック」が無生物であるにもかかわらず，他動詞形と使役形の両方が許される（庵他 (2001: 139) を参照）。

(68) a. この凝固剤を使うと，プラスチックを早く<u>固める</u>ことができる。［他動詞形］
b. この凝固剤を使うと，プラスチックを早く<u>固まらす</u>／<u>固まらせる</u>ことができる。［使役形］

プラスチックは無生物であるにもかかわらず，なぜ (68b) の使役形が可能かと言うと，プラスチックは放っておいても，自然に固まる性質があるためである。つまり，プラスチックは自らの力で固まることができるので，使役形の (68b) が適格となる。ここで，(68a) と (68b) を比べてみると，若干の意味の違いが感じられる。(68a) の他動詞形は，プラスチックが固まるという事態を主語指示物が凝固剤を使って自ら引き起こしているという意味

合いが強いのに対し，(68b) の使役形は，プラスチックが自らの力で固まるという事態を引き起こしているという意味合いが強い。そしてこの両者の意味の違いも，(56) の一般化が予測するところである。

8. 対応する他動詞がない自動詞

前節では，自動詞に対応する他動詞（語彙的使役）と，その自動詞に「─さす／させる」をつけた使役形（迂言的使役）が，どのような点で異なるかを考察したが，動詞の形を調べてみると，自動詞には，それに対応する他動詞があるものとないものとがあることに気づく。上で見たように，次の (69) では，左側の自動詞に対応する右側の他動詞があるが，(70) のような自動詞には，それに対応する他動詞がない。

(69) 燃える─燃やす，寝る─寝かす／寝かせる，倒れる─倒す，立つ─立てる，割れる─割る，開く─開ける，閉まる─閉める，回る─回す，集まる─集める，広がる─広げる，消える─消す，焼ける─焼く，出る─出す，落ちる─落とす，…

(70) 光る，腐る，咲く，転ぶ，泣く，太る，走る，降る，働く，飛ぶ，曇る，困る，歩く，喜ぶ，…

このように言うと，(70) のたとえば「光る，腐る，咲く，転ぶ，泣く」には，それぞれ「光らす，腐らす，咲かす，転ばす，泣かす」という「他動詞」がちゃんとあるではないかと思われるかも知れない。しかし，これらは他動詞ではなく，次に示すように，自動詞（の語幹）に「─さす」がついた使役形である。

(71) a.　hikar-sas-u → hikar-as-u 「光らす」

b. kusar-sas-u → kusar-as-u 「腐らす」
c. sak-sas-u → sak-as-u 「咲かす」
d. korob-sas-u → korob-as-u 「転ばす」
e. nak-sas-u → nak-as-u 「泣かす」

(71)(および(70))の自動詞は,いずれも語幹が子音で終わる五段活用の動詞である。そのため,その語幹に「—さす」(-sas-u)がつくと,子音が重複するため -s が落ち,「光らす,腐らす,咲かす,転ばす,泣かす」という「—さす」使役形ができる。したがって,これらの動詞は他動詞ではない。

以上から,(69)と(70)の動詞の一部と,自動詞の「—さす/させる」使役形を表にすると,次のようになる。

(72)

自動詞	他動詞	「—さす」使役	「—させる」使役
倒れる	倒す	倒れさす	倒れさせる
割れる	割る	割れさす	割れさせる
立つ	立てる	立たす	立たせる
集まる	集める	集まらす	集まらせる
開く	開ける	開かす	開かせる

(73)

自動詞	他動詞	「—さす」使役	「—させる」使役
光る	—	光らす	光らせる
腐る	—	腐らす	腐らせる
咲く	—	咲かす	咲かせる
転ぶ	—	転ばす	転ばせる
泣く	—	泣かす	泣かせる

(73)の表から分かるように，(70)の自動詞には，対応する他動詞がない。音韻や形（形態）の上からは，「光る」に対して「*ヒケル」，「腐る」に対して「*クセル」，「咲く」に対して「*サケル」のような他動詞が日本語の語彙の中にあってもよさそうなものであるが，このような他動詞は存在しない。同じように，「転ぶ」に対して「*コロベル」，「泣く」に対して「*ナケル」という他動詞があってもよさそうなものであるが，このような他動詞はない。（「転ぶことができる」という可能の意味を表す「転べる」や「泣いてしまう」という自発の意味を表す「泣ける」という単語はあるが，これらは「人を転ぶようにする」，「人を泣くようにする」という意味を表す他動詞ではない。）このように，ある言語の音韻や形態の上からは当然存在していいはずの語彙が，偶然，その言語に存在しないことを，言語学では「偶然の空白」(accidental gap) と呼んでいる。

さて，前節で，無生物は，使役形を用いた文の被使役主にはなれないことを強調したが((57)-(65)の例を参照)，これは(72)のように，自動詞に対応する他動詞がある場合であり，(73)のように，自動詞に対応する他動詞がない場合は，次に示すように，無生物が被使役主になることができる。

(74) a.　鏡が光る［自動詞］
　　 b.　*鏡をヒケル［他動詞］
　　 c.　鏡を光らす［―さす使役］
　　 d.　鏡を光らせる［―させる使役］
(75) a.　野菜が腐る［自動詞］
　　 b.　*野菜をクセル［他動詞］
　　 c.　野菜を腐らす［―さす使役］
　　 d.　野菜を腐らせる［―させる使役］
(76) a.　花が咲く［自動詞］

    b. ＊花をサケル［他動詞］
    c. 花を咲かす［―さす使役］
    d. 花を咲かせる［―させる使役］

鏡や野菜，花が無生物であるにもかかわらず，(74c, d)，(75c, d)，(76c, d) から分かるように，これらは使役文の被使役主になることができる。それは，自動詞「光る，腐る，咲く」に対応する他動詞「＊ヒケル，＊クセル，＊サケル」が日本語に存在しないため，(74b)，(75b)，(76b) のように言うことができないので，このような意味は，「―さす／させる」使役形を用いて表すしかほかに方法がないためである。つまり，他動詞が存在しないために，使役形が他動詞の代用をしているのである。

9.「―さす」使役と「―させる」使役の意味の違い (1)

　これまでの議論で，たとえば「立つ―立てる」のように，自動詞に対応する他動詞がある場合，他動詞は，主語指示物（使役主）が自らの力で当該の事象を引き起こし，自動詞の「―さす／させる」形（たとえば「立たす／立たせる」）は，被使役主が自らの意志や力で当該の事象を引き起こすことを表し，一方，自動詞に対応する他動詞がない場合，その欠けた他動詞が果たすべき意味役割は，「―さす／させる」形が代わりに果たしていることが分かった。つまり，他動詞がないために，主語指示物が自らの力で引き起こす事象が，「―さす／させる」使役形で表される。したがって，これら二つの場合に関して，被使役主が，自らの意志や力で当該事象を行うことができない無生物だと，次のような違いがあることを観察した。

　(77)　「ドアが開く」という被使役事象に対して

a.　ドアを<u>開ける</u>　[他動詞—使役主が自らの力で]
   b.＊ドアを<u>開かす</u>／<u>開かせる</u>
   　　　　　　　　　[使役形—ドアは自ら開く力なし]
(78)　「鏡が光る」という被使役事象に対して
   a.＊鏡を<u>ヒケル</u>　[他動詞—存在しない]
   b.　鏡を<u>光らす</u>／<u>光らせる</u>
　　　　　　　[使役形—鏡は自ら光る力なし／使役主が自らの力で]

　さて，自動詞に対応する他動詞がない場合で，被使役主が，自らの意志や力で当該事象を行うことができる人間だと，(i) <u>使役主が自らの力で一方的に当該事象を引き起こすという意味</u>と，(ii) <u>被使役主の人間が自らの力や意志で当該事象を引き起こす</u>という意味の二つの場合が生じることになるが，これら二つの意味は，「—さす」と「—させる」の二つの使役形によってどのように表されるのだろうか。まず，次の文を見てみよう。

(79) a.　恥をかかされたので，いつかあいつに体当たりをして，地面に<u>転ばして</u>やりたい。[—さす使役]
　　 b.??恥をかかされたので，いつかあいつに体当たりをして，地面に<u>転ばせて</u>やりたい。[—させる使役]

「転ぶ」という自動詞には，前節で見たように，対応する他動詞がなく，「人が転ぶ」という被使役事象を表す使役表現は，「人を転ばす／転ばせる」という使役形のみである。ただ (79a, b) では，「—さす」使役は自然であるが，「—させる」使役は，話し手によって判断に揺れがあるものの，多くの話し手にとってかなり／極めて不自然である。これはなぜだろうか。それは，(79) では，恥をかかされた話し手が「あいつ」に体当たりをして，一方的に自分の力で相手が転ぶという事象を引き起こそうとしてお

り,相手は自ら転ぼうなどとは考えていないことに原因があるに違いない。つまり,使役主が自らの力で一方的に当該の事象を引き起こすという,本来,他動詞が表す意味は,他動詞がない場合,「―させる」ではなく,「―さす」使役によって表されていると考えられる。

(79b) の「転ばせてやりたい」は,「相手が自らの意志で転ぶ」という意味合いを持っており,それゆえ (79b) の文脈と矛盾するので,不適格になると考えられる。そのため,被使役主が自らの意志で転んだり,寝転がったりする場合は,次の (b) のように,「―させる」使役が適格になる。

(80) a. ?監督は,最初の台本どおりに,俳優をその場面で<u>転ばす</u>ことにした。[―さす使役]
　　 b. 監督は,最初の台本どおりに,俳優をその場面で<u>転ばせる</u>ことにした。[―させる使役]
(81) a. ?昔のように,子供たちにこんな広いれんげ畑で自由に<u>寝転がらして</u>やりたい。[―さす使役]
　　 b. 昔のように,子供たちにこんな広いれんげ畑で自由に<u>寝転がらせて</u>やりたい。[―させる使役]

(80) では,俳優自らが,監督の意向や台本に従って,自分の意志で転ぶ。また (81) でも,子供たち自らが話し手の許可を得て,自分たちの意志で自由に寝転がる。したがって,被使役主 (の人間) が自らの意志や力で当該事象を行う場合は,(80b),(81b) のように「―させる」使役が適格となる。そして,(80a),(81a) の「―さす」使役は,(79a) で見たように,主語の使役主が自らの力で一方的に当該事象を引き起こすことを表すので,多くの話し手にとって不自然に感じられる。

以上の考察を次のようにまとめておこう。

(82) 自動詞に対応する他動詞がない場合：
　a. 被使役主が自らの力を持たない無生物のとき
　　——「—さす／させる」使役形が，欠けた他動詞の代役をする（(78b) 参照）。
　b. 被使役主が自らの力を持つ人間のとき
　　——使役主が自らの力で引き起こす被使役事象は，「—さす」使役形で，被使役主が自らの力で引き起こす被使役事象は，「—させる」使役形で表される（(79)–(81) 参照）。

私たちは第4節で，「を」使役と「に」使役を考察した際に，「を」使役は，使役主が被使役主の意志を無視して，強制的に強いたり，使役主が直接手を下して引き起こす事象を表す傾向が強く，一方，「に」使役は，使役主が被使役主の意志を尊重し，被使役主が意図的に行う事象を表す傾向が強いことを観察した。この点を踏まえて，次の例を見てみよう。

(83) a. 体当たりをして，あいつを地面に転ばしてやりたい。
　　　［—さす使役］（cf. (79a)）
　b. *体当たりをして，あいつに地面に転ばしてやりたい。
　　　［—さす使役］

(79a, b) で見たように，(83a, b) の「—さす」使役は，使役主の話し手が相手を自らの力で一方的に転ぶようにすることを表す。しかし「に」使役は，被使役主が意図的に行う事象を表す傾向が強いため，(83b) は矛盾が生じ，不適格となる。

一方，次の例を見てみよう。

(84) a. 監督は，最初の台本どおりに，俳優をその場面で転ばせることにした。［—させる使役］（= (80b)）

b. 監督は，最初の台本どおりに，俳優にその場面で転
　　　 ばせることにした。［―させる使役］

ここでは，被使役主の俳優が，監督の意向や台本に従って，自らの意志で転ぶことになるので，(84b) の「に」使役はまったく矛盾なく，適格となる。

　ここで，(84a, b) の「を」使役と「に」使役には，若干の意味の違いが感じられることに触れておきたい。(84a, b) では，「最初の台本どおりに」があるため，その違いがはっきりしないが，これを除いた次の文を見てみよう。

　(85) a. 監督は，俳優をその場面で転ばせることにした。
　　　b. 監督は，俳優にその場面で転ばせることにした。

(85a) の「を」使役は，監督が，俳優の意志を無視して，俳優がその場面で転ぶことを決めているという感じがある。一方 (85b) の「に」使役は，たとえば俳優もその場面で転ぶのがいいという意志表示をし，監督がそれを許容したという感じがする。したがって，この違いは，第 4 節での考察と合致している。

　以上の考察から，自動詞に対応する他動詞がない場合は，「―さす」と「―させる」が表す意味に関して次の違いがあると言える。

　(86) 「―さす」使役と「―させる」使役の意味の違い：
　　　 自動詞が対応する他動詞を持たない場合，「―さす」使
　　　 役は，使役主が自らの意志や力で当該事象を引き起こ
　　　 すことを表す傾向が強いのに対し，「―させる」使役は，
　　　 被使役主が自らの意志や力で当該事象を引き起こすこ
　　　 とを表す傾向が強い。

(86)は,「―さす」使役と「―させる」使役の意味の違いに関して,「傾向が強い」と述べているように,絶対的なものではなく,相対的に,「―さす」使役は使役主が自ら引き起こす被使役事象を表しやすく,「―させる」使役は被使役主が自らの意志で引き起こす被使役事象を表しやすいという趣旨であることに注意されたい。

(86)の仮説は,たとえば「泣く」という自動詞の「―さす／させる」使役形である「泣かす」と「泣かせる」の違いからも支持されるように思われる。次の2文で,被使役主が「ゆきちゃん」(子供)と「母親」(太郎の母)のどちらのほうが自然か考えてみよう。

(87) a. やんちゃ坊主の太郎が,また [ゆきちゃんを／母親を] 泣かした。[―さす使役]
b. やんちゃ坊主の太郎が,また [ゆきちゃんを／母親を] 泣かせた。[―させる使役]

「―さす」使役の「泣かした」は,やんちゃ坊主の太郎が,相手を叩いたり,相手にいたずらをしたりして,直接的にその相手に手を下して,相手が泣いたという意味合いが強いのに対し,「―させる」使役の「泣かせた」は,やんちゃ坊主の太郎のいたずらが原因で,それが引き金となって,相手が悲しくなり泣いたという意味合いが強いように感じられる。そのため,判断は微妙かも知れないが,(87a)では,「ゆきちゃん」のほうが「母親」より自然であり,逆に(87b)では,「母親」のほうが「ゆきちゃん」より自然だと感じられる。そしてこの判断は,(86)の仮説が,絶対的なものではないものの,妥当であることを示していると考えられる。

10. 「—さす」使役と「—させる」使役の意味の違い (2)

前節では，自動詞に対応する他動詞がない場合で，使役主が人間の例を考察したが，本節では，使役主が無生物で，当該事象を引き起こす「原因」として機能している例を考えてみよう（第3節の (16a-d) を参照）。

(88) a. (?)/?医者の不注意な一言が，患者を<u>がっかりさす／絶望さす</u>ことがある。
　　b. 　医者の不注意な一言が，患者を<u>がっかりさせる／絶望させる</u>ことがある。
(89) a. (?)/?子供からの思いがけないプレゼントは，親をとても<u>喜ばす</u>ものだ。
　　b. 　子供からの思いがけないプレゼントは，親をとても<u>喜ばせる</u>ものだ。
(90) a. (?)/?高温多湿な状態がカビを<u>生えさす</u>原因ですね。
　　b. 　高温多湿な状態がカビを<u>生えさせる</u>原因ですね。
(91) a. (?)/?市役所の避難勧告の遅れは被害を<u>広がらす</u>ので，迅速にお願いします。
　　b. 　市役所の避難勧告の遅れは被害を<u>広がらせる</u>ので，迅速にお願いします。

(88)-(91) の適格性判断は微妙で，共通語と関西方言の間でも若干の違いがあるが，多くの話し手にとって，(a) の「—さす」使役は，(b) の「—させる」使役に比べて適格性が落ちると感じられる。これはなぜだろうか。それは，これらの文の使役主が無生物で，被使役事象が生じる原因となっているだけで，被使役主に意図的にその事象を引き起こさせたりはしていないためだと考えられる。つまり，前節で仮定したように，「—さす」使役は使役

主が自らの意志や力で被使役事象を引き起こす傾向が強いため,(88)-(91)では,「―さす」ではなく,「―させる」が用いられやすいと言える。

(88)-(91)では,「がっかりさす／喜ばす」のように,「―さす」使役形が終止形になっているが,「―さした」という言い切りの形にすると,適格性がさらに落ち,かなり不自然になる(第6節の(44)-(47)を参照)。

(92) a. ?/??医者の不注意な一言が患者をがっかりさした／絶望さした。
　　 b. ??子供の思いがけないプレゼントが山田さんを喜ばした。
　　 c. ?/??高温多湿な状況がカビを生えさした。
　　 d. ??市役所の避難勧告の遅れが被害を広がらした。

これらの文では,「がっかりさせた／喜ばせた」というように,「―させる」使役形が用いられる。

さらに次の例を見てみよう。

(93) a. ?/??戦後の生活を描いたこの映画は,多くの観客を泣かしたと聞いています。
　　 b. 戦後の生活を描いたこの映画は,多くの観客を泣かせたと聞いています。
(94) a. ?/??横綱の存在が常に私を燃えさしてくれたのです。
　　 b. 横綱の存在が常に私を燃えさせてくれたのです。
(95) a. ?/??快いそよ風が赤ちゃんをすやすやと寝さしている。
　　 b. 快いそよ風が赤ちゃんをすやすやと寝させている。

これらの文でも,使役主が無生物であり,その無生物が原因となってそれぞれの事象が引き起こされている。たとえば(93)で

は，話題となっている映画を見たことが原因となって，多くの観客が涙するという事象が引き起こされている。ただ，(93) の動詞「泣く」は，これまで見た動詞と同様に，対応する他動詞(「*ナケル」) がない動詞であるが，(94), (95) の自動詞「燃える／寝る」には，対応する他動詞「燃やす／寝かす／寝かせる」がある。それにもかかわらず，(93)-(95) のすべてで，「―さす」使役文は，「―させる」使役文に比べて適格性が低いと感じられる。したがって，自動詞に対応する他動詞があるかないかにかかわらず，「―さす」使役と「―させる」使役の間には，一般的な傾向として次のような違いがあると考えられる。

(96) 「―さす」使役と「―させる」使役の意味の違いの傾向:
使役主の被使役事象に対する関わりや被使役主への働きかけが強ければ，「―さす」使役が用いられやすく，それが弱ければ，「―させる」使役が用いられやすい。

(96) は，(86) を一般化したものであるが，「―さす」使役と「―させる」使役は，すでに観察したように，関西方言か共通語かという違いもあり，またどちらでも用いられる場合も多いので，あくまでも傾向として理解すべきものと思われる。

さて，これで本章冒頭で提示した次の文の適格性の違いがなぜだか明らかとなった。

(1) 自分を燃えさせてくれる横綱が，突然いなくなって残念です。[「―させる」使役] (白鵬の言葉)
(5) a. *自分を燃やしてくれる横綱が，突然いなくなって残念です。[他動詞]
   b. ?自分を燃えさしてくれる横綱が，突然いなくなって残念です。[「―さす」使役]

横綱朝青龍は，白鵬の闘志や意欲が燃えるという事態に対して，実は何もしていない。朝青龍が横綱で強く，何度も優勝しているので，その朝青龍の存在が原因となって，白鵬自らが闘志や意欲を燃やしたわけである。つまり，白鵬の闘志や意欲が燃えるという事態は，朝青龍が意図的に引き起こしたものではなく，彼の存在が原因となっているのみなので，朝青龍のこの事態に対する関わりや白鵬に対する働きかけは極めて弱い。よって，(5a)の他動詞「燃やす」は不適格であり，(5b)の「─さす」使役も不自然となる。そして，(1)の「─させる」使役のみが適切な形となる。このような事柄が分かって(1)を再度見てみると，日本語が母語でないにもかかわらず，即座に(1)のようにインタヴューに答えた白鵬が，いかに日本語をマスターしているか驚くばかりである。

11. まとめ

日本語の使役文に関して，本章で考察した事柄を以下にまとめておこう。

(97) 使役文は，「子供が水を飲んだ」のような事象に対し，その事象を生じさせた人や物を使役主として主語に立て，動詞に「─さす／させる」をつけて，「母親は［子供に水を飲ま］せた」のように表現するものである。そして，使役主が被使役主に意図的に関わってその事象が生じる場合には，「強制，説得，人間関係に基づく指示，許容・放任」使役があり，意図的に関わらないでその事象が生じる場合には，「原因，責任」使役がある。

(98) 被使役主が「を」でマークされる「を」使役（たとえば，

「母親は子供を夕飯前には遊びから帰らせた」）は，使役主が被使役主の意志を無視して，強制的に強いたり，使役主が直接手を下して引き起こす事象を表す傾向が強く，被使役主が「に」でマークされる「に」使役（たとえば，「母親は子供に夕飯前には遊びから帰らせた」）は，使役主が被使役主の意志を尊重し，被使役主が意図的に行う事象を表す傾向が強い。

(99) 「寝かす，開ける，立てる」のような他動詞は，主語が行う使役過程と，その結果生じる出来事の両方を含んでおり，「語彙的使役動詞」と呼ばれ，自動詞や他動詞に「―さす／させる」がついた「迂言的使役動詞」と区別される。

(100) 他動詞は，主語指示物が自らの意志や力で当該事象を引き起こすことを表すのに対し，使役形は，主語指示物（＝使役主）が目的語指示物（＝被使役主）に指示などするだけで，後者が自らの意志や力で当該事象を引き起こすことを表す。（＝(56)）

(101) 「―させる」使役が共通語や書き言葉で一般に用いられ，「―さす」使役は，関西地方の話し言葉で広く用いられる形であるが，次第に共通語や書き言葉でも多く用いられるようになっている。ただ，「立たした／飲ました」のように過去形にして，そこで言い切ってしまうと，不自然だと感じる話し手も多い。

(102) 「倒れる，割れる，立つ」のような自動詞には，対応する他動詞「倒す，割る，立てる」があるが，「光る，腐る，咲く」のような自動詞には，対応する他動詞がない

(「*ヒケル，*クセル，*サケル」)。そのため，このような存在しない他動詞が担うべき意味は，「—さす／させる」使役形が代用して果たしている。

(103) 「—さす」使役と「—させる」使役の意味の違い：
自動詞が対応する他動詞を持たない場合，「—さす」使役は，使役主が自らの意志や力で当該事象を引き起こすことを表す傾向が強いのに対し，「—させる」使役は，被使役主が自らの意志や力で当該事象を引き起こすことを表す傾向が強い。(= (86))

(104) 「—さす」使役と「—させる」使役の意味の違いの傾向：
使役主の被使役事象に対する関わりや被使役主への働きかけが強ければ，「—さす」使役が用いられやすく，それが弱ければ，「—させる」使役が用いられやすい。(= (96))

第5章

英語の使役文

―― The lightning **had** the girls cover their heads.
とはなぜ言えないか ――

1. はじめに

 もう何十年も前の高校生の頃,英語の have が次に示すように,「〜させる」という使役の意味にも,「〜られる」という被害・迷惑を表す受身の意味にも,さらに「〜してくれる／してもらう」という利益・恩恵の意味にもなると知って,とても驚いた。

(1) A: I need some help with this baggage.
　　　　　(この荷物を運ぶのを手伝ってほしいのですが)
　　 B: OK, I'll **have** the bellboy carry it for you.
　　　　　(分かりました。ボーイに運ばせましょう)［使役］
(2) Susan **had** a man rob her last night.
　　(スーザンは昨夜男にお金を奪われた)［被害・迷惑］
(3) I **had** a total stranger show me the way to the station.
　　(駅へ行く道を知らない人が教えてくれた／知らない人に教えてもらった)［利益・恩恵］

(1) は,ホテルのお客と受付の人の会話であるが,受付の人 (B) は,お客 (A) に荷物をボーイに運ばせましょうと言っており,使役表現である。一方 (2) は,「男にお金を奪われた」という受身表現で,被害・迷惑の意味を表している。しかし (3) は,(2) とは逆に,「駅へ行く道を知らない人が教えてくれた／知らない人に教えてもらった」という利益・恩恵の意味を表している。使役と被害・迷惑と利益・恩恵という三つの意味は,日本語ではそれぞれ異なる別の意味なのに,英語ではどうして have という一つの動詞が,これほど異なる三つの意味を表せるのだろうと不思議に思った。

 (1) - (3) では,have の目的語 (the bellboy, a man, a total

stranger) の後ろの動詞が原形 (carry, rob, show) であるが，その動詞が過去分詞になっても，have が三つの意味を表すというのは同じである。

(4) John **had** his house **remodeled** last month.
(ジョンは先月，家を改装させた／リフォームした)［使役］

(5) I **had** my fingers **caught** in the train doors.
(私は電車のドアに指をはさまれた)［被害・迷惑］

(6) Mary **had** her article **accepted** by a high quality journal.
(メアリーは，論文をレベルの高いジャーナルに受理してもらった／受理された)［利益・恩恵］

(4) では，ジョンが自分の家を改装したのであるが，もちろん自分でやったわけではなく，リフォーム業者に依頼し，お金を払って，その業者にリフォームさせたわけである。そのため，(4) は使役表現である。一方 (5) は，「話し手が指を電車のドアにはさまれた」という受身表現で，被害・迷惑の意味を表している。それに対し (6) は，メアリーが自分の論文をレベルの高いジャーナルに受理してもらった（受理された）という利益・恩恵の意味を表している。

(1)-(3), (4)-(6) では，have が三つの意味のどれを表すかは，示された文の意味内容から理解できるが，次のような文では，have が三つの意味のいずれにも解釈されると知って，一層驚いた。

(7) Mary **had** her letter **read** to the assembly.
解釈 (A) ——使役:
メアリーは自分の手紙をその集会で（誰かに）読み上げさせた。

解釈（B）——被害・迷惑：

　メアリーは自分の手紙をその集会で（読んでほしくなかったのに，誰かに）読み上げられた。

解釈（C）——利益・恩恵：

　メアリーは，自分の手紙を（たとえば，手紙の書き方の見本として）誰かにその集会で読み上げてもらえた。

日本語では，「〜させる」という使役と，「〜られる」という受身と，「〜てくれる／もらう」という利益・恩恵は，似ても似つかない別々の意味なのに，英語では have という一つの動詞が，どうしてこのように異なる意味を表すことができたり，(7)のように，その三つの意味を同時に表すことができるのだろうと不思議に思った。そして，高校生の頃のこのような疑問は，長い間ずっとそのままだった。

それから英語の勉強を続けているうちに，日本語の単語と英語の単語は，必ずしも1対1に対応しているのではないということが分かってきた。日本語と英語で，さまざまな物や事象を表す際に，その区切り方が異なっており，たとえば，日本語の「借りる」が，英語では borrow（無料で借りる）と rent（または hire）（有料で借りる）に対応し，逆に英語の give は，日本語では「やる」，「あげる」，「くれる」，「くださる」（さらに「与える」，「さしあげる」等）のいずれをも表す。

(8) a.

借りる	borrow
	rent

b.

give	やる
	あげる
	くれる
	くださる

そして have に関しても，何十年も経ってからではあるが，次のようなことが分かってきた。つまり，have 自体はあくまでも「〜を持つ」という「所有」の意味を表しており，主語が目的語以下で述べられている事象を意図的に持てば，使役の意味になり，非意図的に持てば，被害・迷惑か利益・恩恵の意味（これら二つを合わせて「経験」の意味と以下で呼ぶ）になるという点である。上の例文に即して言えば，(1B) や (4) では，ボーイが荷物を運ぶという事象を受付の人が意図的に持とうとし（引き起こそうとし），自分の家がリフォームされるという事象をジョンが意図的に持った（引き起こした）ので，使役の意味となる。一方，(2) や (5) では，男がスーザンのお金を奪ったり，話し手が指を電車のドアにはさまれるというのは，スーザンや話し手が非意図的に持つ（経験する）好ましくない事象なので，被害・迷惑の意味となる。それに対し (3) や (6) では，誰かが駅へ行く道を教えてくれたり，レベルの高いジャーナルが論文を受理してくれるのは，主語の話し手やメアリーが非意図的に持つ（経験する）好ましい事象なので，利益・恩恵の意味となる。この点をまとめると，次のようになる。

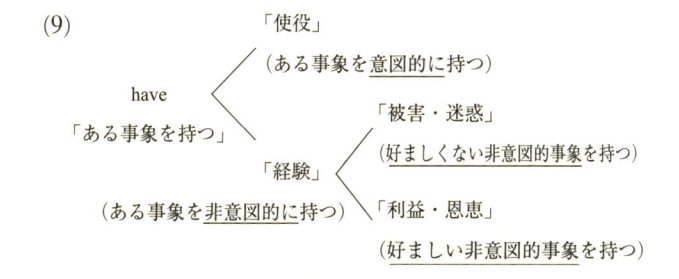

(9)　　　　　　　　　　　　「使役」
　　　　　　　　　　　　　（ある事象を意図的に持つ）
　　　　　have
　　「ある事象を持つ」　　　　　　　　「被害・迷惑」
　　　　　　　　　　　　　　　　　（好ましくない非意図的事象を持つ）
　　　　　　　　　　　　「経験」
　　　　　　　　　　　　　　　　　「利益・恩恵」
　　　　　　　（ある事象を非意図的に持つ）（好ましい非意図的事象を持つ）

(9) が分かると，(7) で have に三つの意味があるのは，メアリーが自分の手紙を意図的に誰かに読み上げさせることも，メア

リーが知らない間に誰かが勝手にメアリーの手紙を読み上げることも可能だからである。そして後者の場合，誰かがメアリーの手紙を勝手に読み上げることが，メアリーにとって被害・迷惑となる場合もあれば，利益となる場合もあるからである。

2. 英語の語彙的使役動詞と迂言的使役動詞

前章で日本語の使役表現を考察した際，使役表現には，他動詞の「止める，開ける，割る，立てる」のように，主語が行う使役過程と，その結果生じる出来事の両方がその動詞に含まれている語彙的使役動詞と，「寝させる」，「(田舎料理を) 食べさす」のように，ある出来事を表す自動詞や他動詞に使役を表す助動詞「—さす／させる」をつけた迂言的使役動詞があることを述べた。この点は英語でも同様で，たとえば他動詞の stop (止める), open (開ける), break (割る), stand (立てる), kill (殺す), cut (切る) などの語彙的使役動詞と，「～さす／させる」という使役の意味を表す have ((1B), (4), (7) 参照) や，さらに make, cause, get, let などの迂言的使役動詞とがある。

ここで，次の文を見てみよう。

(10) a. The driver **stopped** the car. [語彙的使役——他動詞]
　　 b. The driver **made** the car **stop**. [迂言的使役]
(11) a. John **stood** the child up. [語彙的使役——他動詞]
　　 b. John **made/had/let** the child **stand up**. [迂言的使役]

(10a) の stop は，「(車を) 止める」という他動詞の語彙的使役であり，(10b) の make the car stop は，「車を止まらせる」という make を用いた迂言的使役である。同様に，(11a) の stand up は，他動詞で語彙的使役であるが，(11b) の make, have, let を用いた表現は迂言的使役である。ここで，(10a) と (10b)，(11a) と (11b) では，どのような違いがあるのだろうか。英語の語彙的使役と迂言的使役はどのような点で異なるのだろうか。前章で考察した日本語の語彙的使役と迂言的使役と同じような違いがあるのだろうか。

さらに，(11b) では迂言的使役動詞の make, have, let が用いられているが，これらの間にはどのような意味の違いがあるのだろうか。ここで，make, have, let は，(11b) に示したように，目的語の後ろの動詞が原形で，to をとらないが，同じ迂言的使役動詞でも，cause や get は，次のように動詞が to をとることに注意しよう。

(12) John **caused/got** Bill **to work** under those conditions.
（ジョンは，ビルをそんな状況の中で働かせた）

make, have, let と cause, get は，動詞が to をとるかとらないかという，形の上での違いがあるが，意味の上で，これら五つの迂言的使役動詞はどのように区別され，どのように使い分けられているのだろうか。本章では，このような問題を明らかにしたい。

3. 語彙的使役（他動詞）と迂言的使役の意味の違い

前節で提示した (10a, b)（以下に再録）から考えてみよう。

(10) a. The driver **stopped** the car. ［語彙的使役——他動詞］
（運転手は車を止めた）
 b. The driver **made** the car **stop**. ［迂言的使役］
（運転手は車を何とか止めた／止まらせた）

(10a) の他動詞文は，ドライバーがどうやって車を止まるようにしたかについて何も述べていないが，普通は，ドライバーがブレーキを踏んで（つまり，普通に車を止める方法で）車を止めたと解釈される。一方 (10b) の make 使役文には，ドライバーがブレーキを踏んでも車が止まろうとしなかったので，たとえばハンドブレーキを使ったりしてなど，特別な努力をして強制的に車を止めたという意味合いがある。

　同様に次の対比を見てみよう。

(13) a. The traffic officer **stopped** the car.
　　　　［語彙的使役――他動詞］
　　　　（交通整理の警官は，その車を止めた）
　　b. The traffic officer **made** the car **stop**. ［迂言的使役］
　　　　（交通整理の警官は，その車を止まらせた）

(13a) の他動詞文は，(10a) の他動詞文と同様に，交通整理の警官が車を止めたと述べているだけで，どのような方法でその車を止めたかとか，その車が止まる前にどういう状態にあったかについては何も述べていない。しかしこの文の普通の解釈は，交通整理の警官が手をあげてストップサインを出してなど，普通に考えられる方法で車を止めたというものである。それに対し (13b) の make 使役文は，車が止まろうとしなかったので，警官が警笛を吹いたり，運転手を怒鳴りつけたりしてなど，特別な努力をして強制的に車を止めたという意味合いがある。

　さらに次の文を見てみよう。

(14) a. The terrorists **exploded** the bomb in central New Delhi. ［語彙的使役――他動詞］
　　　　（テロリストは，ニューデリーの中心で爆弾を爆発させた）

b. The terrorists **made** the bomb **explode** in central New Delhi. ［迂言的使役］

(テロリストは，ニューデリーの中心で爆弾を爆発するようにした)

(14a) は，単にテロリストが爆弾を爆発させたと述べているだけで，テロリストが爆発を起こすのに特別なことをしたかどうかについては，何も述べていない。したがって，たとえば爆破装置のスイッチを押すというような普通の手段で爆弾を爆発させた，と解釈されるのが普通である。一方 (14b) には，爆発を引き起こすのが困難で，たとえば自爆テロとか，ガソリンをまくというような特別な手段を使って爆弾を爆発させた，という微妙な意味合いがある。

次に，他動詞文と get 使役文を比べてみよう。

(15) a. The driver **started** the car. ［語彙的使役——他動詞］
    (運転手は車のエンジンをかけた)

  b. The driver **got** the car **to start**. ［迂言的使役］
    (運転手は (やっとのことで) 車のエンジンがかかるようにした)

(16) a. **I opened** the door. ［語彙的使役——他動詞］

  b. I finally **got** the door **to open**. ［迂言的使役］
    (私はついに／やっとドアを開けた)

(15a) の他動詞文は，ドライバーが車のエンジンのスイッチを回すなどして，普通の方法でエンジンをかけたと解釈される。一方 (15b) の get 使役文は，車のエンジンが，たとえばバッテリーがあがってしまってかからず，運転手が別の車に助けを求めるなど，努力や苦労をしてエンジンをかけることができたという意味

合いがある。同様に，(16a) の他動詞文は，話し手がドアを開けるのに普通の方法で，つまりドアノブを回し押して開けたと解釈される。一方 (16b) の get 使役文には，話し手が苦労／努力の末にドアを開けることができたという意味合いがある。たとえば，ドアに鍵がかかっていて，それをヘアピンで開けたり，ドアの反対側に重い物が置かれたり，ドアが湿って膨らんだりして開きにくかったのを，力を入れて開けたというような場合である。

以上から，語彙的使役の他動詞文は，主語指示物が，その動詞句が表す動作を普通に考えられる一般的な方法で，一方的に自らの力で引き起こすことを表すと言える。それに対して迂言的使役の make や get は，主語の使役主が，当該の被使役事象を特別な手段を用いて強制的に引き起こしたり，苦労や努力を重ねて引き起こしたりすることを表すと言えるが，この迂言的使役については次節以降でより詳しく考察する。

本節の最後に，前節の (11a, b) (以下に再録) を見てみよう。

(11) a. John **stood** the child **up**. ［語彙的使役──他動詞］
   b. John **made/had/let** the child **stand up**. ［迂言的使役］

これまでの例では，被使役主が無生物 (the car, the bomb, the door) であったが，ここでは人間 (the child) である。(11a) の他動詞文は，子供が自らの力や意志を持たず，ジョンが一方的に自分の力で，子供を立たせたと解釈される。たとえば，子供が自分では立てないぐらい小さかったり，立つのを嫌がったりする場合や，子供が立ちたくても病気でぐったりしていて立てないような場合に，ジョンが子供を抱きかかえて一方的に立たせたような状況である。一方 (11b) の迂言的使役は，ジョンが子供に強制，指示，許可などをして (たとえば「立ちなさい」と命令して)，その結果，子供が自らの力や意志で立ったと解釈される。

ここで読者の方々は，(11a) と (11b) の意味の違いが，前章で考察した日本語の他動詞文と「―さす／させる」使役文の意味の違いと同じであることに気づかれたことだろう．私たちは前章で，次の (17), (18) のような例をもとに，(19) の仮説を提示した．

(17) a. 救助隊員は，意識のない負傷者をベッドに<u>寝かした／寝かせた</u>．［他動詞文］（救助隊員が自らの力で一方的に）（＝前章の (49a)）

b. *救助隊員は，意識のない負傷者をベッドに<u>寝させた</u>．［―させる使役文］（負傷者は意識がないため，自らの力でベッドに寝ることができない）（＝前章の (49b)）

(18) a. 店長は，<u>マネキン</u>をショーウインドーに<u>立てた</u>（*<u>立たせた</u>）．［他動詞文］（＝前章の (54a, b)）

b. 店長は，<u>モデル</u>をショーウインドーに<u>立たせた</u>（*<u>立てた</u>）．［―させる使役文］（＝前章の (55a, b)）

(19) 他動詞は，主語指示物が自らの意志や力で当該事象を引き起こすことを表すのに対し，使役形は，主語指示物（＝使役主）が目的語指示物（＝被使役主）に指示などするだけで，後者が自らの意志や力で当該事象を引き起こすことを表す．（＝前章の (56)）

(11a) の英語の他動詞文でも，子供は何もせず，ジョンが一方的に自分の力で，子供を立たせたと解釈されるのに対し，(11b) の迂言的使役文では，ジョンが子供に強制，指示，許可などをするだけで，子供が自らの力や意志で立ったと解釈されるため，<u>被使役主が人間の場合は</u>，英語でも，日本語の他動詞文と迂言的使役文の意味の違いがそのまま当てはまり，日本語と英語で共通していることが分かる．

それでは、被使役主が無生物の場合はどうだろうか。無生物は自らの意志を持たず、自らの意志で何かを行うことはないので、日本語では次のように、無生物は使役形の被使役主にはなれない (前章の (57)-(65) を参照)。よって、日本語の使役形に関しては、(19) の仮説が導き出された。[1, 2]

(20) a.　ドアを開ける［他動詞形］
　　 b.＊ドアを開かす／開かせる［使役形］
(21) a.　電気を消す［他動詞形］
　　 b.＊電気を消えさす／消えさせる［使役形］

しかし英語の場合は、(10)、(13)-(16) で見たように、無生物でも、make や get を用いた迂言的使役文の被使役主になることができる（この点は以下で見るように、cause, have, let を用いた迂言的使役文にも当てはまる）。そのため、日本語の迂言的使役の「—さす／させる」使役形に関して立てた (19) の仮説（の後半）は、英語の迂言的使役文で、被使役主が人間の場合にのみ当てはまるということに留意したい。そして、第 5 節から make, cause, get, have, let の順で英語の迂言的使役文を詳しく考察し、それぞれに対して、被使役主が人間と無生物の場合の両方を観察し

---

[1] もちろん、第 4 章で考察したように、自動詞に対応する他動詞がない場合は、使役形がその他動詞の代用をするため、「花を咲かす／咲かせる」、「野菜を腐らす／腐らせる」のように、無生物が使役形の被使役主になることができる。

[2] (10b/13b) (=The driver/The traffic officer made the car stop.) の日本語訳、つまり「... 車を止まらせた」を見て、日本語でも「車」という無生物が、他動詞「止める」の目的語だけでなく、使役文の被使役主に用いられるではないかと思われるかも知れない。しかし、この場合の「車」は、その車のドライバーが意識され、生きたイメージが強く、人間扱いされていることに注意されたい。

て，それぞれの迂言的使役文に課される制約を明らかにしたい。そしてここでは，日本語と英語の他動詞文に関して，ほぼ同様の意味的特徴が見られることが分かったので，その点のみをまとめておこう。

(22) 英語の語彙的使役の他動詞文は，その動詞句が表す事象を主語指示物が<u>一方的に自らの力で</u>，（文脈で指定がない限り）普通に考えられる方法で引き起こすことを表す。

4. 迂言的使役文の概略

本章冒頭で，筆者が高校生の頃，英語の have が日本語では次のように，「〜させる」，「〜られる」，「〜くれる／もらう」の三つの意味に対応することを不思議に思ったことを述べた。

(23)
英語	日本語
have	「〜させる」（使役）
	「〜られる」（被害）
	「〜くれる」（利益）

また前章の第2節で，日本語の「母親は子供に水を飲ませた」のような使役文が，母親が子供にどのような関わり方をして水を飲ませたかという観点から，強制使役，説得使役，人間関係に基づく指示使役，許容・放任使役のいずれにも解釈されることを観察した。つまり，「—させる」という使役形は，次のように，強制，説得，指示，許容・放任のいずれをも表すことができる。

(24)

形	意　味
「―させる」	強制
	説得
	指示
	許容・放任

　さて，英語の迂言的使役で興味深いことは，日本語の迂言的使役形「―させる」(「―さす」)が表す四つの意味が，それぞれ次のように異なる迂言的使役動詞で表されるということである。

(25)

日本語	意　味	英　語
「―させる」	強制	make
	説得	get
	指示	have
	許容・放任	let

　(23) と (25) の図を見て分かるように，英語の have が，日本語では「～させる」，「～られる」，「～くれる」という三つの意味に対応しているのに対し，今度は逆に，日本語の「―させる」が強制の場合は make，説得の場合は get，指示の場合は have，許容・放任の場合は let という四つに区別されている。[3] 筆者は高

---

[3] 説得の場合は get が，指示の場合は have が用いられるというのは，アメリカ英語に見られる特徴で，イギリス英語では，have が堅い表現と見なされて，あまり用いられず，くだけた口語表現では，指示の場合にも get が用

校生のとき，(23) の日英語の1対3の対応を不思議に思ったが，英語母語話者が日本語を外国語として学べば，強制，説得，指示，許容・放任は意味がまったく異なるので，英語では当然それらが別々の四つの動詞で表現されるのに，日本語ではどうしてそのように異なる意味が「—させる」という一つの助動詞で表せるのだろうと，1対4の対応を不思議に思うことだろう。

ただ，(25) に示した英語の迂言的使役動詞の用法は，使役主が被使役主に強制したり，説得したり，指示したり，許容したりして被使役事象が生じることから分かるように，被使役主が人間の場合に当てはまる用法である。しかし，上で述べたように，英語の迂言的使役の被使役主には無生物も現れるため，(25) の説明は，英語の迂言的使役の概略であり，より詳しい分析が必要である。そしてまた，英語の迂言的使役動詞には，上の四つに加え，さらに cause もある。そのため，以下でそれぞれの迂言的使役動詞についてより詳しい考察を行うことにしたい。[4]

5. make 使役文

次の make 使役文を見てみよう。

いられる。その点で，get の守備範囲が，アメリカ英語より広くなっていると言える（注8も参照）。この指摘は，真野泰，Phillip Brown, Andrew Fitzsimons の三氏に負っており，Swan (2005: 209), *Longman Dictionary of Contemporary English*（第5訂版）の have の第27義，『ジーニアス英和辞典』（第4版）の have の第16義も参照されたい。

[4] 以下で述べる五つの迂言的使役動詞のうち，cause を除く make, get, have, let の四つの分析は，久野・高見 (2005: 第6, 7章, 2007: 第8章) で提示した分析を修正し，発展させたものである。

(26) a. The devil **made** me do it.［悪い事をした際の言い訳］
   （悪魔が私に（無理やり）そうさせたのです）

b. John **made** me do the dishes.
   （ジョンが私に皿洗いをさせた）

c. Mother **made** us do our homework by threatening to ground us if we didn't.
   （母は，僕たちが宿題をやらなかったら外出禁止にすると脅して，僕たちに宿題をさせた）

d. The soldiers **made** the Cherokees march West; they ordered them to walk without complaint.
   [Sturgis, A. (2007) *The Trail of Tears and Indian Removal*, p. 63 の文を改変]
   （軍人たちは，チェロキー族（米南部ジョージアの故郷からオクラホマへ強制移動させられた先住民）を西部へ移動させた。彼らは，チェロキー族に不平を言わないで歩くよう命令した）

これらの make 使役文は，日本語訳にも示したように，被使役主が行うつもりがなかったり，行うのを嫌がっていた事象を，使役主が被使役主にそれをするよう言ったり，命令したりして，強制的にさせたことを表している。このように make 使役文は，被使役主が行うことを望まない事象を，使役主が被使役主にそれを行うよう言ったり，命令したりして，無理やり引き起こす強制使役を表し，これをここでは「<u>被使役主に対する</u>意図的強制使役」と呼ぼう。

　一方，次の make 使役文も，意図的強制使役を表すが，使役主が被使役主に当該の事象を行うよう言ったり，命令したりするものではない。

(27) a. John **made** Mary fall down by putting his leg in her way.
   (ジョンは，メアリーが歩いてきたところに足を出して，彼女を転ばした)

   b. They **made** the trains run on time by improving the infrastructure and re-training employees.
   (彼らは，線路などの施設設備を改良し，従業員を再訓練して，電車が定刻に走るようにした)

   c. He **made** the company's earnings grow faster by opening stores overseas.
   (彼は，海外に店を出して会社の増収を加速させた)

(27a) は，ジョンが足を出してメアリーを転ばしたのであるが，彼は彼女に「転べ」と命令したり強制したわけではない。彼がしたのは，メアリーの現状維持（つまり，歩く動作）の惰性に逆らって，転ぶという動作を意図的，強制的に引き起こしたことである。同様に(27b) では，電車の現状維持の惰性（つまり，しばしば遅れたりすること）に逆らって，彼らが電車の定時運転を可能にしている。また(27c) では，会社の増収を現状のままではなく，彼が海外に店を出すなどして加速化している。つまり，これらの make 使役文では，使役主が被使役主に命令などして被使役事象を行うよう強制するのではなく，使役主が何かを意図的に行い，被使役主の現状維持の惰性に逆らって，被使役事象を強制的に引き起こしている。そのため，これらの make 使役文を (26a-d) のような make 使役文と区別して，「<u>被使役事象に対する</u>意図的強制使役」と呼ぼう。

make 使役文には，上のような意図的強制使役だけでなく，次のように，使役主が原因となって当該の事象が非意図的に引き起

こされる,「非意図的強制使役」と呼べる用法がある。

(28) a. The disease **made** him lose a lot of weight.
(その病気で彼は大分体重が減ってしまった)
b. All that sick time off work **made** me lose my job.
(病気で仕事をずっと休んでいたため,失職してしまった)
c. Dirt in the gasoline **made** the car stop.
(ガソリンの汚れのせいで,車が止まってしまった)
d. The lightning **made** the little girls cover their heads.
(稲妻が光って,少女たちは(恐くて)頭を覆った)

これらの make 使役文では,病気やガソリンの汚れ,稲妻が原因で,彼の体重が減ったり,話し手が失職したり,車が止まったり,少女たちが頭を覆ったりしており,このような原因の存在が,(強制的に)被使役事象を非意図的に引き起こしている。この make 使役文の用法は,使役主が原因となって被使役事象が自発的に起きることを表すので,「自発使役」と一般に呼ばれる用法である。

私たちは前章の第3節で,日本語の「―させる」使役が表す意味を考えた際,主語の使役主がある事象や物などの無生物で,それが原因となって当該の事象を生じさせることを表す,「原因使役」と呼ぶ使役があることを観察した(第4章の(16a-d)を参照)。ここで明らかなように,「―させる」を用いて表されるこのような日本語の原因使役は,英語では make (および次節で示すように cause) によって表されることに留意したい。

(28a-d)では,主語の使役主がすべて無生物のため,これらが原因となって当該の被使役事象が生じていることが明らかであるが,主語の使役主が人間であっても,その人の動作が非意図的で

あれば，次のように自発使役となる。

(29) a. The baby **made** us all smile.
   (その赤ちゃん（の動作，様子）に私たちみんなが微笑んだ)
   b. He **made** me lose my job (not intentionally, but by hanging around my desk talking to me all the time, so my boss thought I was never doing any work).
   (彼のせいで失職しました（彼は意図的ではなかったのですが，私の机の周りをぶらついてずっと私に話をしていたので，社長は私が少しも仕事をしていないと思ったのです))

以上考察した make 使役文の三つの用法をまとめておこう。

(30)

	make 使役	使　役　主	被使役主（被使役事象）
A	意図的強制使役 (i) 被使役主に対する強制使役	被使役主に対する言葉による強制的働きかけ	被使役主がしたくないが，自ら行える動作
	(ii) 被使役事象に対する強制使役	被使役主に対する強制なし	被使役主自らは行えない動作
B	非意図的強制使役 (iii) 自発使役	使役主は行為者ではなく，被使役事象の原因	使役主が原因となり，被使役主が自発的に起こす動作

以上から，make 使役文を次のようにまとめることができる。

(31) make 使役文に課される制約：
   使役動詞の make は，使役主が意図的，あるいは非意図的に，被使役事象を強制的に（被使役主の現状維持の意

志,惰性に何の考慮も払わないで)引き起こす場合に用いられる。

6. cause 使役文

使役動詞の cause は,前節で考察した make と用法が類似しているが,重要な違いが二つあると考えられる。一つは,make (や get, have, let) と比べると堅く (formal),文語的,格式的表現で,話し言葉で用いられるのはむしろ稀だということである。たとえば,次の実例に見られるように,cause は,法律文書や科学的文書,宗教的文書など,書き言葉で用いられるのが一般的である。

(32) a. Finally, plaintiff claimed that two of defendant's employees intentionally **caused** her to suffer extreme emotional distress.[5]

(最後に原告は,被告の従業員2人が,意図的に彼女が極度の精神的苦痛を受けるようにしたと主張した)

b. The society found that warming of the North Sea has **caused** baitfish to move north in search of colder water.

(協会/学会の調査の結果,北海の温暖化のせいで,餌となる魚はより冷たい水を求め北へ移動したことが分かった)

---

[5] この文では,plaintiff, defendant に定冠詞の the がついていないが,法律文書ではむしろこのような言い方が一般的である。ここで,この文の cause を make に代えると,the が必要となる。

c. All pre-Genesis life died when the earth was **caused** to assume a uniform spherical shape, thus **causing** it to be covered with water.
(地球がむらのない球状の形をとらされ、水で覆われるようになったとき、創世記以前のすべての生き物は死んだ)

したがって、次のような会話文では make が用いられ、cause を用いると不自然で、文体上、不適切と判断される（#は、不適格性、非文法性ではなく、文体上の不適切性を示す）。

(33) a. Hey John — Last night I saw the movie you recommended. It really **made** me think.
(やあ、ジョン、君がお勧めのあの映画を昨晩見たよ。とっても考えさせられたよ)

b. Hey John — Last night I saw the movie you recommended. #It really **caused** me to think.

(34) a. Mike, Sarah says she accidentally **made** Ryan think she was interested in another guy at the party last night. She is wondering what to do about it. Can you help?
(ねえ、マイク。サラが言ってるんだけど、間違ってライアンに誤解させちゃったらしいんだ。昨夜のパーティーに来ていた別の男に気があるみたいに思わせちゃったらしいの。それで、どうしたらいいのか分からないみたいなんだ。力になってやってくれる？)

b. #Mike, Sarah says she accidentally **caused** Ryan to think she was interested in another guy at the party last night. She is wondering what to do about it. Can you help?

cause と make のもう一つの違いは，cause には，使役主が被使役主に当該の事象を行うよう，直接言ったり命令したりして引き起こす「<u>被使役主に対する</u>意図的強制使役」の用法がないということである。次の例を見てみよう。

(35) a. John **made** me do the dishes.　(He told/ordered/asked me to do so.)　(cf. (26b))
　　b. *John **caused** me to do the dishes.　(He told/ordered/asked me to do so.)

(36) a. The soldiers **made** the Cherokees march West; they ordered them to walk without complaint. (= (26d))
　　b. *The soldiers **caused** the Cherokees to march West; they ordered them to walk without complaint.

前節で観察した (35a), (36a) の make 使役文を (35b), (36b) のように cause 使役文にすると，不適格になる。つまり，ある人が行うことを嫌がっている事象を，別の人がその人に行うよう，直接言ったり，命令したりしてその事象を強制的に行わせる場合は，make 使役文は用いられるが，cause 使役文は用いられないことが分かる。この点は，cause が「原因，原因となる，…を引き起こす」という意味であることからも示唆されるように，cause は，使役主が被使役主に直接命令して当該の事象を行わせるような直接的な使役を表すのではなく，使役主が「原因」となって，結果的に当該の事象が引き起こされるという間接的な使役を表すものであると言える。

以上，cause 使役文は，make 使役文と比べると，(i) 堅い文語表現で，(ii)「<u>被使役主に対する</u>強制使役」の用法がない，こ

とが分かった。以下では，cause 使役文と make 使役文の共通点を述べたい。前節で観察したように，make 使役文には「被使役事象に対する強制使役」の用法があるが，cause 使役文にもこの用法がある。次の例を見てみよう。

(37) a. This particular man physically assaulted her and **intentionally caused** her to fall down off her camel.（実例）
(この男が彼女に暴行を働き，意図的に彼女をラクダから落とした)

b. They **caused** the trains to run on time by improving the infrastructure and re-training employees. (cf. (27b))

(38) a. The National Transportation Safety Board (NTSB) found that the pilot, who had taken the flight controls shortly after takeoff, had **deliberately caused** the aircraft to dive into the sea.（実例）
(国家輸送安全委員会は，離陸後まもなく操縦を行っていたパイロットが，飛行機を海にわざと突入させたことが分かった)

b. Finally, plaintiff claimed that two of defendant's employees **intentionally caused** her to suffer extreme emotional distress. (= (32a))

c. The devil **caused** him to neglect his family even though he had every intent of being an attentive father.
(彼は家族によく気を配る父親でいようと思っていたけれど，悪魔が彼に家族をないがしろにさせた)

(37a) の cause 使役文は，前節の (27a) の make 使役文 (=John made Mary fall down by putting his leg in her way.) とほぼ対応しており，(37b) の cause 使役文は，前節の (27b) の make 使役文を cause に代えたものである。(37a) では，男は彼女にラクダから「落ちろ」と命令したわけではなく，たとえば引っ張ったり，つかんだりしてラクダから意図的に落としている。(38a) では，パイロットが飛行機をわざと普通でない方法で操縦して，飛行機が海に突入するという事態を引き起こしている。(38b) では，被告人の従業員2人が，たとえば嫌がらせなどをして彼女に苦痛を与え，(38c) では，悪魔が彼にさまざまな誘惑をしたり，そそのかしたりして，いい父親であろうとする彼の意志に反し，家族をないがしろにさせている。つまり，これらの cause 使役文では，使役主が何かを意図的に行い，その行為，動作によって被使役主が自らは行えない被使役事象を引き起こしている。よって，これらの cause 使役文は，「被使役事象に対する強制使役」の例である。[6]

make 使役文には，前節の (28a-d), (29a, b) で観察したように，「使役主が原因となって，被使役事象が自発的，非意図的に起きる」と性格づけられる，「非意図的強制使役（自発使役）」と呼べる用法がある。cause 使役文にもこの用法があることは，次のような例から明らかである。

---

[6] 『ジーニアス英和辞典』（第4版，2006，大修館書店）の cause の使役用法の項 (p. 315) には，「cause は偶発的・無意図的な［使役を表す］ので，deliberately, intentionally などと共に用いることはできない」と書かれている。しかし，(37a), (38a, b) の実例が示すように，cause はこのような主語の意図性を示す副詞と共起し，主語の意図的な使役を表すことができる。

(39) a. The disease **caused** him to lose a lot of weight. (cf. (28a))

b. Water flooded the ship in ten minutes, **causing** it to sink. (*Longman Advanced American Dictionary*)
(10分で船は水浸しとなり,沈んでしまった)

c. All that sick time off work **caused** me to lose my job. (cf. (28b))

d. All of his praise **caused** her confidence to increase.[7]
(彼の賞賛のすべてが,彼女の自信を高めることとなった)

(40) a. If you **accidentally cause** the battery to short, place it in a safe open space and observe the battery for approximately 15 minutes. (実例)
(もしあなたがたまたまバッテリーをショートさせてしまったら,周りに何もない安全な場所に置いて15分間様子を見て下さい)

b. He **caused** our parents to die **by making a stupid mistake**. (実例)
(彼は馬鹿な間違いをして,私たちの両親を死なせてしまった)

(39a-d) では,cause 使役文の主語が the disease, water, all

---

[7] cause 使役文は,被使役事象が被使役主等にとって社会常識上,好ましくない事象を表す場合が多く,たとえば *Longman Advanced American Dictionary* の動詞 cause の定義 (p. 210) には,'to make something happen, **especially something bad**' とある。しかし,この (39d) や (37b) (= They caused the trains to run on time by improving the infrastructure and retraining employees.) など,そうでない場合もある。

that sick time off work, all of his praise で，すべて無生物である。無生物は意図を持たず，これらの文では，病気や水のせいで，当該の被使役事象が（非意図的に）引き起こされたことが述べられている。一方 (40a) では，cause 使役文の主語が you の人間であるが，その人の非意図性を表す副詞 accidentally と共に用いられていることから，当該の事象が非意図的に引き起こされていることが分かる。また (40b) では，by making a stupid mistake（馬鹿な間違いをして）から分かるように，主語の「彼」が非意図的に話し手の両親を死に至らせたことが明らかである。したがって，(39a-d), (40a, b) は，すべて「非意図的強制使役（自発使役）」の例である。

以上から，cause 使役文を次のようにまとめることができる。

(41) cause 使役文に課される制約：
使役動詞の cause は，堅い文語表現で，使役主が被使役主に被使役事象を行うよう言葉によって強制するのではなく，使役主の行為，存在，状態などが原因，引き金となって，意図的，あるいは非意図的に，被使役事象を強制的に引き起こす場合に用いられる。

7. get 使役文

まず，次の2文を比べてみよう。

(42) a. Mary **made** her husband stop drinking.
 ［強制的に飲酒をやめさせた］
 b. Mary **got** her husband to stop drinking.
 ［苦労・努力を重ね，説得して飲酒をやめさせた］

(42a, b) ではともに，メアリーの夫が飲酒をやめることに抵抗があり，嫌がっていたのに対し，(42a) の make 使役文は，メアリーが強制的にやめさせたことを意味するが，(42b) の get 使役文は，メアリーが夫に，飲酒は健康に悪いからやめたほうがいいというようなことを話し，<u>苦労・努力を重ねて</u>，夫に説得してやめさせたという意味合いがある。

この点は，次の対比からも裏づけられる。

(43) a. **I got** my husband to stop drinking, because I was quite worried about his health and wanted him to stay well.
(私は，夫に飲酒をやめさせた。なぜなら，私は夫の健康をとても心配し，ずっと健康でいてほしかったので)

b. ***I got** my husband to stop drinking, because he wanted to do so anyway.
(私は，夫に飲酒をやめさせた。なぜなら，夫はいずれにしろやめようと思っていたので)

(43a) では，妻が夫の健康を心配し，健康を願っていたことから，夫にそのことを話し，苦労・努力を重ねて説得して飲酒をやめさせたことが示唆されている。よってこの文は適格である。一方 (43b) では，夫自身が飲酒をやめようと思っていたので，妻が説得をしたり，苦労して飲酒をやめさせたことが示唆されていない。よって，get 使役の表す意味と矛盾するので，この文は不適格である (このような状況では，get ではなく，let が用いられる)。

さらに次の 2 文を比べてみよう。

(44) a. Mother **made** us do our homework by threatening to ground us if we didn't. (= (26c))

[強制的に宿題をさせた]

b. Mother **got** us to do our homework by threatening to ground us if we didn't.

[苦労・努力を重ね，説得して宿題をさせた]

(44a, b) ではともに，話し手たちが宿題をするのに抵抗があり，嫌がっていたのに対し，(44a) の make 使役文は，母親が，宿題をしなければ外出禁止にすると脅して，強制的に話し手たちに宿題をさせたことを意味する。他方，(44b) の get 使役文には，母親が，もし話し手たちが宿題をしなければ，外出禁止にすると脅したりしながら，苦労・努力を重ねて，話し手たちが宿題をするよう説得して宿題をさせたという意味合いがある。

さらに次の例を見てみよう。

(45) a. We couldn't **get** him to sign the agreement.

(*Longman Dictionary of Contemporary English*)

（私たちは，彼を契約に署名させることができなかった）

b. I tried to **get** Teresa to come out tonight, but she was too busy.

(*Longman Advanced American Dictionary*)

（私はテレサを今晩外出させようとしたが，彼女は忙しくて無理だった）

c. I can't **get** that child to go to bed.

(Swan (2005: 200))

（私はその子を寝させることができない）

これらの get 使役文は，couldn't, tried, can't と共に用いられていることから分かるように，話し手が被使役主（彼，テレサ，その子）に被使役事象を引き起こすよう説得して，苦労・努力を重ね

たが，それが無理である／あったことを述べている。この点からも，get 使役文は，使役主が被使役主に当該の事象をさせるよう苦労・努力を重ねて説得する意味合いを持ち，Swan (2005: 200) も指摘しているように，被使役事象を引き起こすことが，しばしば難しく，困難を伴うという含みがある。[8]

(42)–(45) の例では，被使役主がすべて人間であるが，次に被使役主が無生物の場合を見てみよう。

(46) a. After working at it for over two hours, they finally **got** the vault to open.
   (彼らは，金庫室を開けようと2時間以上取り組んで，やっと開けることができた)

   b. After 30 minutes of struggling with turning the key, I finally **got** the door to open. (実例 cf. (16b))
   (鍵を回すのに30分間悪戦苦闘して，私はやっとドアを開けることができた)

---

[8] get 使役文では，使役主が被使役主を説得したり，苦労・努力を重ねて被使役事象が引き起こされるという意味合いがあるというのは，一般にアメリカ英語に見られる特徴で，イギリス英語では，次の例のように，使役主が被使役主に指示や依頼をするだけで引き起こされる事象も get を用いて表現される（注3参照）((ib, c) は Phillip Brown 氏と Andrew Fitzsimons 氏に負っている)。

(i) a. I'll get Terry to check the wiring for me.
      (*Macmillan English Dictionary*)
   (テリーに配線を見てもらおう)

   b. Get him to ring me/come over after lunch.
   (昼食後，彼に電話をさせて下さい／こちらへ来させて下さい)

   c. I got my wife to bring the newspaper.
   (妻に新聞を持ってきてもらった) (cf. (51a))

c. The best way to **get** the car to stop was to hang on to the steering wheel and pull back on it to get the maximum force on the brake pedal. (実例)
(その車を止まらせる最もいい方法は, ブレーキペダルに最大限の力を加えられるように, ハンドルにしがみついて, 身体を後ろにそらせることだった)

d. See if you can **get** the car to start.

(Swan (2005: 200), cf. (15b))

(車のエンジンをかけられるかどうかやってみて下さい)

e. He couldn't **get** the heavy chair to budge.
(彼は, その重い椅子を少しも動かすことができなかった)

(46a, b) では, 長時間取り組んだ末にやっと金庫室やドアを開けることができたことが述べられている。つまり, 被使役主の金庫室やドアは, 開くことに対して「抵抗」があり, 使役主の「彼ら」や話し手は, 苦労・努力を重ねて, 金庫室やドアを開けたことになる。この点は, finally (やっと) という副詞からも明らかである。同様のことが (46c-e) についても言える。(46c) では, 車を止まらせるのに苦労や困難を伴ったことが示唆されており, (46d) でも, 車のエンジンをかけるのが難しく, 苦労や困難を伴うことが示唆されている。(46e) では, 彼が苦労・努力をしたが, 結局, その重い椅子を動かすことができなかったわけである。したがって, 被使役主が無生物の場合, get 使役文は, 被使役主が人間の場合から予測されるように, 使役主が苦労・努力して, 被使役主が抵抗を示す被使役事象を引き起こす場合に用いられることが分かる。

以上の考察から, get 使役文は (47) のようにまとめられ, get 使役文に対して (48) の制約を立てることができる。

(47)

	使役主	被使役主
get 使役	説得，苦労・努力	抵抗

(48) get 使役文に課される制約：
使役動詞の get は，被使役主が「抵抗」する事象を，使役主が苦労・努力（説得もその一つ）をして引き起こす場合に用いられる。

8. have 使役文

まず，次の 2 文を比べてみよう。

(49) a. John **made** Mary write a letter of apology.
   ［強制的に詫び状を書かせた］
   b. The teacher **had** her students write a term paper.
   ［教育の一環として学期末レポートを書かせた］

(49a) の make 使役文は，メアリーが詫び状を書きたくなかったのに，ジョンが強制的に書かせたことを表す。それに対し，教師が学生に学期末のレポートを書かせるのは，教育の一環として当然の事柄であり，学生もレポートを書くことが自分たちの勉強になるので，先生の指示に従うのが普通である。have 使役文はこのような状況で用いられ，(49b) は，先生が職務の一環として学生に学期末レポートを書くよう<u>指示し</u>，学生もそれに「抵抗」せずに書いたことを表す。

この点は次の例でも顕著である。

(1) A: I need some help with this baggage.
   (この荷物を運ぶのを手伝ってほしいのですが)

B : OK, I'll **have** the bellboy carry it for you.
　　　　［受付係とボーイ］
　　　　（分かりました。ボーイに運ばせましょう）

(50) a. The fashion photographer **had** me take off my glasses and let my hair hang down.
　　　　［ファッション・フォトグラファーとモデル］
　　　　（ファッション・フォトグラファーは，私にメガネをはずさせ，髪を下ろさせた）

　　b. The doctor **had** the patient take her temperature every morning. ［医者と患者］
　　　　（医者は患者に毎朝体温を測らせた）

　　c. I'll **have** my secretary send you the documents tomorrow. ［上司と秘書］
　　　　（私は秘書に明日，あなたの所にその書類を送らせます）

　　d. Do you **have** the kids come home right after school every day? ［親と子供］
　　　　（あなたは，毎日子供たちを放課後すぐに家に帰らせていますか）

　　e. The coach **had** the players do another 30 push-ups. ［コーチと選手］
　　　　（コーチは選手たちにさらに30回の腕立て伏せをさせた）

　　f. I always **have** guests take off their shoes before they come into the house. ［ホストとお客］
　　　　（私は，お客さんが家に入る前に，いつも靴を脱いでもらっています）

　　g. The director **had** the actress die at the end of the movie. ［監督と俳優］
　　　　（監督は俳優にその映画の最後で死なせた）

(1B) は，ホテルの受付係とボーイの職務関係に基づいて，受付係がボーイにお客の荷物を運ぶよう指示すると述べている。(50a) は，ファッション・フォトグラファーが話し手 (モデル) に，いい写真を撮るためにメガネをはずすよう指示や依頼をして，話し手もそれに抵抗なく従ったことを示している。(50b) でも同様で，医者は職務の一環として患者に体温を測らせ，患者もそれに抵抗なく従っている。同様に (50c-g) でも，上司と秘書の職務関係，親と子供の関係，コーチと選手の関係，ホストとお客の関係，映画監督と俳優の関係に基づいて，当該の被使役事象の指示や依頼が行われており，被使役主はそれをすることに「抵抗」がない。

次の例も (1B) や (50a-g) と同様に説明できる。

(51) a. I'll **have** my wife/husband/friend bring you the papers. ［夫婦／友人関係］
(妻／夫／友達にその書類を持って来させます／持って来てもらいます)

b. Student: I need Professor Smith's signature on this application form.
(この申込用紙にスミス教授のサインをお願いします)

Secretary: All right. I'll **have** him sign it and give it back to you tomorrow morning.
［秘書と教授］
(分かりました。教授にサインをしてもらって，明日の朝お渡しします)

(51a) では，話し手が，自分の妻／夫／友達に書類を聞き手の所へ持って来させる (持って来てもらう) のであるが，夫婦や友達同士は，その社会的，人間的関係から，お互いにさまざまな事柄を

指示したり，依頼したりできる一定の社会習慣的な制御力（コントロールできる力）を持っている。そして，「書類を持って来させる（持って来てもらう）」というような被使役事象は，指示・依頼さえすればやってくれる，手間のかからない簡単な行為である。また，(51b) の秘書の発話にも見られるように，秘書と教授は，両者の社会的な職務関係から，秘書が教授に指導学生の申込用紙にサインをするよう指示・依頼できる立場にある。そして秘書は，学生のその要望を教授に伝えさえすれば，教授は申込用紙にサインすることになり，そうすることに何の抵抗もない。

　ここで，(51a, b) の使役動詞 have の日本語訳が，「～させる」だけでなく，「～してもらう」にもなっていることに関して，一言触れておきたい。本章の第1節で述べたように ((9) を参照)，have は，主語指示物が当該の事象を意図的に持つ場合，使役の意味となる。(51a, b) で話し手が妻／夫や友達に書類を持って来てもらうよう頼んだり，秘書が教授にサインを依頼するのは，どちらも意図的な行為なので，これらの文の have は使役の意味であり，経験の意味ではない。ただ日本語では，「書類を持って来させる」，「教授にサインをさせる」と言うと，命令的でぞんざいな響きが出てしまう。そのため，このような表現を避けて，より丁寧で，自分にとって利益を表す「～てもらう」が用いられている。

　高校の英文法書では，have が「ある事象を意図的に持つ」場合でも，その日本語訳は，文脈に応じて「～させる」や「～もらう」で訳されており，次の文では「～もらう」が用いられている。しかし，この点も上の記述と同様で，話し手がパーマを依頼するのは，話し手の意図的行為であり，この have は使役の意味であることに注意されたい。

(52) **I had** my hair permed at a famous beauty salon.
(私は有名な美容室で髪にパーマをかけてもらった)［高校生用英文法書より］

以上の考察から，被使役主が人間の have 使役文は，使役主と被使役主の関係が，教師と学生，受付係とベルボーイ，ファッション・フォトグラファーとモデル，医者と患者，上司と秘書，親と子供，コーチと選手，ホストとお客，監督と俳優，夫と妻，友達同士，秘書と教授のように，使役主が被使役主に対して一定の社会習慣的な制御力を持ち，被使役主に指示・依頼さえすれば，被使役主が当該の事象を「抵抗」なく行う場合に用いられることが分かる。この点をまとめると (53) のようになり，have 使役文に対して (54) の制約を立てることができる。

(53)

	使役主	被使役主
have 使役	社会習慣的な制御力による指示・依頼	抵抗なし

(54) have 使役文に課される制約 (以下で修正):
使役動詞の have は，使役主が，被使役主に対する社会習慣的な制御力に基づき，被使役主の「抵抗」しない事象を，指示や依頼をして引き起こす場合に用いられる。

これまでは，被使役主が人間の場合の have 使役文を考察したが，次に被使役主が無生物の場合を考えたい。次の文を比べてみよう。

(55) a. *John **had** the lamp fall.
(ジョンはランプを落ちるようにした)

b. *Mary **had** the walls of his house crack.

（メアリーは，家の壁をひび割れるようにした）

(56) a. The magician **had** the card disappear without lifting a finger. (Baron (1974: 320))

（手品師は，何もしないでそのカードを消した）

b. At a minimum, you should **have** the sauce simmer for twenty minutes.

（最低，ソースを20分間はとろ火で煮立たせて下さい）

(55a, b) の have 使役文は不適格であるが，(56a, b) の have 使役文は適格である。[9] 両者の違いは何に起因しているのだろうか。(55a) で，「ジョンがランプを落ちるようにした」と言っても，人は通常，自分がランプを手（や身体）を使ってどこかから意図的に落とすことはできても（この場合は，John **dropped** the lamp. のように，他動詞を用いる），ランプがどこかから落ちるようにする力は，超能力でもない限り，持っていない。つまり，人は，ランプがどこかから落ちるという事態を引き起こせるような物理的制御力（コントロールできる力）を持っていない。同様に (55b) でも，「メアリーは，家の壁をひび割れるようにした」と言っても，人は通常，壁がひび割れるという事態を引き起こせるような物理的制御力（コントロールできる力）を持っていない。一方 (56a) では，観客の目の前でカードを消えるようにするのは，手品師が容易にできることで，手品師の物理的制御力のもとにある。同様に (56b) でも，ソースが20分間とろとろ煮えるようにするのは，

---

[9] (55a, b) は，使役の意味では不適格であるが，「経験」，特に「被害・迷惑」の意味では適格である。つまり (55a) は，「ジョンはランプに落ちられた」，(55b) は，「メアリーは，家の壁にひび割られた」という意味では適格である。

人がガスの火を弱火にするなどして簡単にできることで、聞き手の物理的制御力のもとにある。つまり、(55a, b) と (56a, b) の適格性の違いは、被使役事象が、使役主の物理的制御力によって引き起こされるかどうかであると言える。

この点をもとに、次の例を見てみよう。

(57) a. It doesn't look natural if you just stack up a pile of rocks in your yard and **have** the water spill off of the top of it. （実例）
（庭に石を積み上げて、そのてっぺんから水がこぼれるようにするのは、自然な感じがしない）

b. I would need at least 314″ of fabric ($2 \times 157″$) to **have** the curtains fall nicely. （実例）
（カーテンを綺麗に垂れさせるには、少なくとも 314 インチ（2×157 インチ）の生地がいるでしょう）

(57a) で、積み上げた石のてっぺんから水がこぼれるようにするには、聞き手は、石を積み上げて、水道の蛇口をひねるなどさえすればできることであり、聞き手の物理的制御力のもとにある。同様に (57b) でも、話し手がカーテンを垂れるようにするには、カーテンをカーテンレールにかけさえすればよく、物理的制御力のもとにある。

以上の考察から、(53) と (54) を次のように修正しよう。

(58)

	使役主	被使役主
have 使役	社会習慣的な制御力による指示や依頼、普通の物理的制御力の使用	抵抗なし

(59) have 使役文に課される制約:
使役動詞の have は，被使役主が「抵抗」しない事象を，使役主が，被使役主に対する社会習慣的な制御力に基づいて指示や依頼をしたり，普通の物理的制御力を用いて引き起こす場合に用いられる。

被使役主が無生物の have 使役文は，使役主が本の著者や劇作家で，その人たちが本や劇の中で，無生物が関与する事象を引き起こす場合にも用いられる。次の例を見てみよう。

(60) a. The author **had** the bomb explode in central New Delhi.
（著者は，ニューデリーの中心で爆弾を爆発させた）
   b. The screenplay **has** the whole hospital fall apart in the quake before the patients can be evacuated.
（その映画のシナリオでは，患者が避難する前に，病院全体が地震でばらばらに壊れることになっている）
   c. The playwright **had** it rain in Act 2, Scene 3.
（その劇作家は，第 2 幕第 3 場で雨を降らせた）

本の著者や劇作家は，本や劇の中で起きるすべての事象について制御できる力を持っている。つまり，本や劇の内容は，著者や作家がすべてコントロールしているわけである。よって (60a-c) は，(59) の have 使役文に課される制約を満たして適格である。

これまで観察してきた have 使役文は，「have + 目的語 + 動詞の原形」というパターンであったが，次のような例では，動詞の原形ではなく，過去分詞形が用いられている。

(4) John **had** his house **remodeled** last month.
（ジョンは先月，家を改装させた／リフォームした）

(61) He **had** his keynote speech **scheduled** on the last day of the conference.

(彼は，自分の基調講演を会議の最終日に予定させた／予定してもらった)

このような例も (59) の have 使役文に課される制約で説明できる。(4) では，ジョンが，リフォーム業者に家の改装を依頼したり，費用を支払ったりして，自分の家を改装する物理的制御力を持っている。(61) でも同様で，彼は自分の基調講演の日をいつにするかに関して，会議の関係者に自分の都合を連絡すればいいだけで，日程の決定は，彼の物理的制御力のもとにある。よって，(4) や (61) は，(59) の制約を満たしており，適格となる。

9. let 使役文

最後に，let 使役文を考えてみよう。let 使役文は，よく知られているように，被使役主が人間の場合，その人が望んだり，意図している事象を使役主が許容・許可したり，禁止しないでその事象が生じる場合に用いられる。次の文を見てみよう。

(62) a. John always **lets** Mary do as she likes.
       (ジョンは，いつもメアリーに好きなようにさせる)
    b. Some people seem to **let** their kids do whatever they like.
       (*Longman Dictionary of Contemporary English*)
       (親の中には，子供が好きなことは何でもさせる人がいるようだ)
    c. I want to go to Europe this summer, but my parents won't **let** me go.

　　　　　　　　　　　　(*Longman Advanced American Dictionary*)
　　　（私はこの夏，ヨーロッパに行きたいが，両親は行かせてくれない）

　d. If you are interested in the project, I'll **let** you know more in detail.
　　　（あなたがその企画に関心があるなら，詳細をお知らせします）

(62a, b) では，as she likes (メアリーが好きなように) と whatever they like (子供が好きなことは何でも) から分かるように，被使役主のメアリーや子供がやりたいことを主語の使役主が許容・許可したり，禁止しないので，被使役主はやりたいようにでき，そのために let が用いられている。(62c) では，I want to go to Europe から分かるように，話し手がヨーロッパに行きたいものの，親が行くことを許容・許可してくれないと述べている。また (62d) では，if you are interested in the project (あなたがその企画に関心があるなら) があるため，話し手が聞き手にその企画の詳細を知らせるという事象は，聞き手の希望を話し手がかなえることによって生じる。よって，これらの場合も let が用いられている。

　それでは次に，被使役主が無生物の場合を考えてみよう。

(63) a. Mary inadvertently **let** the flowers droop.
　　　（メアリーはうっかりしていて，花をしおれさせてしまった）
　b. Jenny **let** the note fall to the ground.
　　　　　　(*Longman Dictionary of Contemporary English*)
　　　（ジェニーはメモを地面に落とした）
　c. **Let** the cookies cool down before you try them.
　　　　　　　　　　　　　　　　　　　　　(ibid.)

（クッキーを食べる前にさましておきましょう）

花は、水をかけたりしなければ、普通しおれてしまう。(63a)では、メアリーがうっかりしていて（水をやったりするのを忘れていて）花がしおれたことが示されている。つまり、メアリーは、花がなるがままに放ってしまって、しおれさせたことになる。この点は(63b, c)でも同様で、ジェニーは手に持っていたメモを放してなるがままにすれば、地面に落ち、人は焼きたてのクッキーをそのまま放っておけば、さますことになる。

この「何もしないで放っておく」という意味と、(62a-d)で観察した「許容」の意味の共通点は、使役主の被使役主や非使役事象に対する「無干渉」である。よって、let を make, cause, get, have と区別する重要な要素は、「無干渉」であるということができる。

以上をまとめると(64)になり、この点から let 使役文に対して(65)の制約を立てることができる。

(64)

	使役主	被使役主
let 使役	無干渉（許容、放置）	抵抗なし 希望、自然発生

(65) let 使役文に課される制約：
使役動詞の let は、被使役主が希望したり、自然にそうなる事象を、使役主が無干渉（許容、放置）により引き起こす場合に用いられる。

この(65)の制約により、ビートルズの "Let it be" やクリスマスソングの "Let it snow" で用いられている let 使役文も説明できる。

(66)	When I find myself in times of trouble	困っているときには
	Mother Mary comes to me	いつも聖母マリアが現れて
	Speaking words of wisdom	賢者の言葉を伝えてくれるんだ
	Let it be	なすがままに
(67)	Oh, the weather outside is frightful,	ああ,外はひどい天気
	But the fire is so delightful,	でも暖炉の火はとても暖か
	And since we've no place to go,	どうせ私たちは行く所もないし
	Let it snow, let it snow, let it snow	雪よ降れ,降れ,雪よ降れ

Let it be (なすがままに) や Let it snow (雪を降らせておきましょう) は,「ある状態がなるようになるのを,何もしないで(無干渉で),そのまま放置しておきましょう」という意味であり,上で指摘した let 使役文の表す意味に合致している。

10. 言い換えられない迂言的使役動詞

　以上,第5節から第9節まで,英語の make, cause, get, have, let 使役文を考察し,それぞれの迂言的使役文が独自の意味や用法を持っていることを明らかにした。そのため,たとえば,ある使役文が make と get の両方で言えるとしても,両者はまったく同じ意味を伝達するのではなく,その意味合いが微妙に違っている ((42a, b), (44a, b) を参照)。また,ある使役文の動詞を別の動詞で言い換えると,次のように不適格になる場合も多い。

(68) a. The lightning **made** the little girls cover their heads. (= (28d))

(稲妻が光って,少女たちは(恐くて)頭を覆った)

b. *The lightning **got** the little girls to cover their heads.

c. *The lightning **had/let** the little girls cover their heads.

(68a) の make 使役文は,(28d) で考察したように,稲妻が光ったことが原因で,少女たちが恐くて(自発的に)頭を覆ったことを表す自発使役文である。言い換えれば,稲妻が少女たちに頭を覆わせたのは,稲妻の苦労・努力によるものではなく,少女たちへの指示でもなく,許容でもなく,少女たちは頭を覆いたかったわけでもない。よって,get や have, let を用いた (68b, c) は不適格である。

また,次の例を見てみよう。

(69) a. Mary **got** her husband to stop drinking. (= (42b))

b. *Mary **had** her husband stop drinking.

(69a) の get 使役文は,(42b) で見たように,メアリーが夫に飲酒をやめるよう説得してやめさせたことを表している。普通,ある人が飲酒癖を断つには抵抗があり,いかに夫婦同士でも,妻が夫に単に指示するだけでやめられるものではない。よって,(69b) の have 使役文は不適格となる。

さらに次の例を見てみよう。

(70) Student: I need Professor Smith's signature on this application form.

(この申込用紙にスミス教授のサインをお願いします)

> Secretary (a): All right. I'll **have** him sign it and give it back to you tomorrow morning.
>
> (分かりました。教授にサインをしてもらって,明日の朝お渡しします)(=(51b))
>
> Secretary (b): All right. *I'll **make/let** him sign it and give it back to you tomorrow morning.
>
> Secretary (c): All right. *I'll **get** him to sign it and give it back to you tomorrow morning.

(70a) の have 使役文は,(51b) で見たように,秘書が教授との社会的職務関係に基づいて,学生の申込用紙にサインを依頼し,教授もそれに抵抗なく応じることを表している。つまり,秘書が教授にサインを求めるのは,強制や説得や許容によるものではなく,教授はサインを嫌がっているわけでも希望しているわけでもない。よって,(70b, c) の make, let, get 使役文は不適格である。

最後に次の例を見てみよう。

(71) a. John always **lets** Mary do as she likes. (=(62a))
   (ジョンは,いつもメアリーに好きなようにさせる)
   b. *John always **makes/has** Mary do as she likes.
   c. *John always **gets** Mary to do as she likes.

(71a) の let 使役文は,(62a) で見たように,メアリーが好きなようにすることをジョンが許容・許可することを表している。つまり,ジョンは,メアリーがすることを強制しているわけでも,指示しているわけでも,説得しているわけでもないので,(71b, c) は不適格である。

以上,簡単に見たように,英語の迂言的使役動詞は,それぞれ

が独自の意味や用法があり，他の動詞では表すことのできない自分の持ち場，役割を持っていることが分かる。

11. まとめ

英語の使役文に関して，本章で考察した事柄を以下に再録し，本章のまとめとしたい。

(22) 英語の語彙的使役の他動詞文は，その動詞句が表す事象を主語指示物が<u>一方的に自らの力で</u>，（文脈で指定がない限り）普通に考えられる方法で引き起こすことを表す。

(31) make 使役文に課される制約：
使役動詞の make は，使役主が意図的，あるいは非意図的に，被使役事象を強制的に（被使役主の現状維持の意志，惰性に何の考慮も払わないで）引き起こす場合に用いられる。

(41) cause 使役文に課される制約：
使役動詞の cause は，堅い文語表現で，使役主が被使役主に被使役事象を行うよう言葉によって強制するのではなく，使役主の行為，存在，状態などが原因，引き金となって，意図的，あるいは非意図的に，被使役事象を強制的に引き起こす場合に用いられる。

(48) get 使役文に課される制約：
使役動詞の get は，被使役主が「抵抗」する事象を，使役主が苦労・努力（説得もその一つ）をして引き起こす場合に用いられる。

(59) have 使役文に課される制約:
使役動詞の have は，被使役主が「抵抗」しない事象を，使役主が，被使役主に対する社会習慣的な制御力に基づいて指示や依頼をしたり，普通の物理的制御力を用いて引き起こす場合に用いられる。

(65) let 使役文に課される制約:
使役動詞の let は，被使役主が希望したり，自然にそうなる事象を，使役主が無干渉（許容，放置）により引き起こす場合に用いられる。

引用文献

Baron, Naomi S. (1974) "The Structure of English Causatives," *Lingua* 33, 299-342.

Bolinger, Dwight (1975) "On the Passive in English," *LACUS* 1, 57-80.

庵　功雄・高梨信乃・中西久実子・山田敏弘 (2001)『中上級を教える人のための日本語文法ハンドブック』スリーエーネットワーク, 東京.

影山太郎(編) (2009)『日英対照　形容詞・副詞の意味と構文』大修館書店, 東京.

久野　暲 (1978)『談話の文法』大修館書店, 東京.

久野　暲 (1983)『新日本文法研究』大修館書店, 東京.

久野　暲・高見健一 (2005)『謎解きの英文法――文の意味――』くろしお出版, 東京.

久野　暲・高見健一 (2007)『英語の構文とその意味――生成文法と機能的構文論――』開拓社, 東京.

Kuroda, S.-Y. (1979) "On Japanese Passives," *Explorations in Linguistics: Papers in Honor of Kazuko Inoue*, ed. by G. Bedell, E. Kobayashi and M. Muraki, 305-347, Kenkyusha, Tokyo.

益岡隆志 (1987)『命題の文法』くろしお出版, 東京.

松下大三郎 (1930)『標準日本口語法』中文館書店. 復刊.（訂正再版）勉誠社, 東京. 1978.

三上　章 (1972)『現代語法序説：シンタクスの試み』くろしお出版, 東京.［『現代語法序説』（刀江書院, 1953）の復刊］

Perlmutter, David (1978) "Impersonal Passives and the Unaccusative Hypothesis," *BLS* 4, 157-189.

柴谷方良 (1978)『日本語の分析――生成文法の方法――』大修館書店, 東京.

砂川有理子 (1984)「〈に受身文〉と〈によって受身文〉」『日本語学』3.7, 76-87.

Swan, Michael (2005) *Practical English Usage*, Oxford University

Press, Oxford.
高見健一 (1995)『機能的構文論による日英語比較――受身文, 後置文の分析――』くろしお出版, 東京.
高見健一・久野　暲 (2002)『日英語の自動詞構文』研究社, 東京.
寺村秀夫 (1982)『日本語のシンタクスと意味Ⅰ』くろしお出版, 東京.

索　引

1. 日本語はあいうえお順で示し，英語で始まるものは，最後にABC順で一括して示す。～は見出し語を代用する。
2. 数字はページ数を表す。

[あ行]

アメリカ英語　182-183, 197
イギリス英語　182, 197
受身形態素　19
受身文
　～の状態変化制約　24-28, 30-31, 35, 38-44, 91-97, 102, 105-106, 109-110, 112-113, 116, 121-123
　～の特徴付け制約　33, 35, 43-44, 98-100, 112, 114, 116, 120-123
　～の利害表明制約　39-41, 44, 101-102, 104, 106
　間接～　19, 49-51, 103-104, 132
　間接～になりやすい事象の階層　64
　間接～の基本的機能　59, 81
　直接～　18, 48, 104
　「ニ」～　19
　「ニヨッテ」～　19
　被害～　50

影響　21-27, 31, 35, 38, 40, 91-94, 96, 98, 102, 105, 109, 111, 114, 116, 121

[か行]

外来語　6
科学的文書　188
格上げ　18, 27, 29
格下げ　18, 27, 29
可能　3-4, 7
可能形　5, 8
関西方言　142, 144-145
起点　19
客観的描写　29, 103
強制　182, 184, 196, 199, 212
許容・許可　207-208
許容・放任　182
偶然の空白　155
苦労・努力　195-199
経験　173, 202, 204
行為者　42-43
後続迷惑度の階層　68, 81
困難　197

[さ行]

使役 4
　〜主 131
　意図的強制〜 184-185, 187
　迂言的〜 145, 147, 153, 174-180, 182
　強制〜 184
　許容〜 131
　許容・放任〜 130, 136, 181
　原因〜 133-134, 136, 186
　語彙的〜 145, 147, 153, 174-178, 181
　「―さす」〜 127-128, 141, 143-144, 150, 154, 156-162, 164-165
　「―させる」〜 127-128, 141, 143, 145-147, 150, 154, 156-162, 164-165
　自発〜 186-187, 192, 194, 211
　責任〜 134, 136
　説得〜 129, 136, 181
　「に」〜 136-139, 160
　人間関係に基づく指示〜 130, 136, 181
　非意図的強制〜 186-187, 192, 194
　被使役事象に対する意図的強制〜 185, 187, 191-192
　被使役主に対する意図的強制〜 184, 187, 190
　誘発〜 131
　「を」〜 136-139, 160
指示 182, 197, 199, 201-203, 205

視点 13-15, 17-18, 20, 85-89
　客観的〜 14
　中立の〜 14-15, 17
　話し手の〜規則 15, 20, 28-31, 33, 35-39, 43, 87, 108
社会習慣的な制御力 202-203, 205
主題 16-17
熟語 117, 120
職務関係 201-202, 212
自力度の階層 64, 81
説得 182, 195-196, 199, 211-212
先行迷惑度の階層 68, 81

[た行]

対象 17-18, 24, 55, 85
直接対象 21-22, 24-28, 38, 40-41, 91-94, 98, 102, 111, 114, 116, 121-122
抵抗 195-196, 198-199, 201, 203, 211-212
動作主 17-18, 24, 27, 85
動詞
　迂言的使役〜 141, 147-148, 174-175, 182
　上一段活用〜 3
　語彙的使役〜 141, 147-148, 174
　五段活用〜 3
　下一段活用〜 3
　所〜 54-55
　心理〜 22
　相互〜 15, 87-90

知覚〜　22
能〜　54-55
非対格〜　55
非能格〜　55
特徴付け　31-33, 100, 112, 116, 119, 121-122

[な行]

「ニ」格名詞句になりやすさの階層　61
二重「ヲ」格制約　137
人間度の階層　61, 81

[は行]

被害・迷惑　36-38, 41, 50-51, 57-59, 65, 102, 106, 132-133, 170-173, 204
物理的制御力　204-205, 207
変化　21-27, 31, 35, 38, 40-42, 91-94, 96, 98, 102, 105, 109, 111, 114, 116, 121
法律文書　188

[ま行]

自らコントロールできる動詞　8

無干渉　209-210
無生物主語構文　29

[ら・わ行]

「ら」抜き言葉　5
「られ」の後続文脈で示される迷惑の階層　68
「られ」の先行文脈で示される迷惑の階層　68
利益・恩恵　38, 170-173
話題　16

[英語]

cause 使役文に課される制約　194, 213
get 使役文に課される制約　199, 213
have 使役文に課される制約　203, 206, 214
let 使役文に課される制約　209, 214
make 使役文に課される制約　187, 213

高見 健一（たかみ　けんいち）

1952年，兵庫県生まれ。大阪教育大学大学院修士課程修了。文学博士（東京都立大学）。1988-1989年，1991-1992年，ハーバード大学言語学科客員研究員。2003-2004年，ハーバード大学イエンチェン研究所共同研究員。静岡大学，東京都立大学を経て，現在，学習院大学文学部教授。

主な著書: *Preposition Stranding* (Mouton de Gruyter, 1992), *Grammar and Discourse Principles* (共著, University of Chicago Press, 1993), 『機能的構文論による日英語比較』(くろしお出版, 1995), 『日英語の機能的構文分析』(鳳書房, 2001), 『日英語の自動詞構文』(共著, 研究社, 2002), *Quantifier Scope* (共著, くろしお出版, 2002), *Functional Constraints in Grammar* (共著, John Benjamins, 2004), 『日本語機能的構文研究』(共著, 大修館書店, 2006), 『英語の構文とその意味』(共著, 開拓社, 2007), 『謎解きの英文法』(冠詞と名詞; 文の意味; 否定; 単数か複数か) (共著, くろしお出版, 2004, 2005, 2007, 2009)。

受身と使役
――その意味規則を探る――　　　　　　　〈開拓社 言語・文化選書 25〉

2011年 6 月 14 日　第 1 版第 1 刷発行

著作者　　高見 健一
発行者　　入江 伸彦
印刷所　　東京電化株式会社

発行所　　株式会社　開 拓 社　　〒113-0023 東京都文京区向丘 1-5-2
　　　　　　　　　　　　　　　　　電話　(03) 5842-8900（代表）
　　　　　　　　　　　　　　　　　振替　00160-8-39587
　　　　　　　　　　　　　　　　　http://www.kaitakusha.co.jp

© 2011 Ken-ichi Takami　　　　　　　ISBN978-4-7589-2525-9　C1380

JCOPY ＜(社)出版者著作権管理機構 委託出版物＞
本書の無断複写は著作権法上での例外を除き禁じられています。複写される場合は，そのつど事前に，(社)出版者著作権管理機構（電話 03-3513-6969, FAX 03-3513-6979, e-mail: info@jcopy.or.jp）の許諾を得てください。